CB002424

# Polaridades

Editora Appris Ltda.
1.ª Edição - Copyright© 2020 dos autores
Direitos de Edição Reservados à Editora Appris Ltda.

Catalogação na Fonte
Elaborado por: Josefina A. S. Guedes
Bibliotecária CRB 9/870

| | |
|---|---|
| F199p<br>2020 | Fanan, Luís Henrique<br>Polaridades / Luís Henrique Fanan.<br>- 1. ed. – Curitiba: Appris, 2020.<br>134 p. ; 23 cm – (Artêra)<br><br>Inclui bibliografias<br>ISBN 978-85-473-4441-2<br><br>1. Gestalt-terapia. 2. Polaridade.<br>3. Psicoterapia. I. Título. III. Série.<br><br>CDD – 150.1982 |

Livro de acordo com a normalização técnica da ABNT

Editora e Livraria Appris Ltda.
Av. Manoel Ribas, 2265 – Mercês
Curitiba/PR – CEP: 80810-002
Tel. (41) 3156 - 4731
www.editoraappris.com.br

Printed in Brazil
Impresso no Brasil

**"Oração da Gestalt-terapia"**

*"Eu faço minhas coisas, você faz as suas*
*Não estou neste mundo para viver de acordo com suas expectativas*
*E você não está neste mundo para viver de acordo com as minhas*
*Você é você, e eu sou eu*
*E se por acaso nos encontramos, é lindo*
*Se não, nada há a fazer."*
Fritz Perls,
(Gestalt-terapia explicada, 1969, p. 17)

# APRESENTAÇÃO

*Qualquer livro pode descrever uma técnica, mas uma atitude só pode ser transmitida por uma pessoa.*

*(NARANJO, 1990, p. 13)*

Inicialmente este trabalho, foi apresentado na conclusão do curso da formação em Gestalt-terapia, ao Instituto de Vanguarda Claudio Naranjo – São Paulo.

E tem para mim o objetivo principal de consolidar conceitos, verdades e muito mais que isso, integrá-las ao ser que sou.

É um trabalho simples, sem pretensões e sem um aprofundamento acadêmico ou científico, pois para mim este não é, aqui, o objetivo essencial.

O objetivo é sim despertar o interesse, a fome por buscar em cada uma das pessoas que lerem. Que se motivem a olharem-se e escutarem-se.

É divido em duas partes. A primeira, em que traço uma visão geral e um esboço teórico da Gestalt-terapia, suas origens, suas bases, seus conceitos. E uma segunda parte em que foco no tema que escolhi, as polaridades, conceito fundamental para a compreensão de mim mesmo. E, procuro trazer exemplos, ilustrações, que tratam das dualidades, dos opostos, que me ajudam a compreender esta realidade, bem como, o das tríades com as quais aprendo o conceito da Unidade, da Integridade, do Nada, da harmonia dos opostos.

É fruto da minha observação, da minha escuta e da minha experiência nos trabalhos e estudos realizados e das inúmeras leituras e pesquisas, que não acabam por aqui, pelo contrário, seguem e seguem.

Busco trazer tudo isso em uma linguagem fácil e de compreensão objetiva tentando, com isso, transmitir uma atitude, como diz Claudio Naranjo, sem muitos métodos, convencionalismos e complexidades.

Desejo que todos que tenham acesso a este material tenham uma boa leitura e que encontrem ressonância no que aqui está expresso, ajudando no processo de conhecer-se a si mesmo.

*Bom Caminho!*

# SUMÁRIO

# INTRODUÇÃO

Certa feita, em uma experiência conduzida por Claudio Naranjo, em um dos módulos da Escola SAT, na qual todos participantes esboçavam movimentos e reações, eu permanecia em posição de meditação completamente centrado e imóvel.

Eis que Claudio olha profundamente em meus olhos e diz: "Você está sendo excessivamente responsável". Essas palavras tiveram um efeito enorme em mim, pois levo-as para toda a minha vida. Decorrente disso, naquele momento, respirei profundamente e me permiti relaxar um pouco mais, deixando os movimentos tomarem conta de meu corpo. Deitei-me e pude experimentar momentos indescritíveis de paz, de relaxamento e de prazer.

Dei-me conta de que a rigidez e a frieza da imensa "responsabilidade" não queriam dizer que o polo oposto seria a "irresponsabilidade", mas sim o permitir: a espontaneidade, a criatividade, a alegria, a descontração, o relaxamento, o prazer.

A partir daí, estou atento à responsabilidade alegre, prazerosa e espontânea. Compreendendo atitudes de uma vida inteira, vou transformando e integrando.

Sou mais inteiro e pleno hoje.

SAT 4 – Brasília – 2015

## Minha Fotografia...

Tiro uma foto de mim e a divido verticalmente em duas partes. Reproduzo, duplicando as duas partes. Junto as que pertencem ao mesmo lado e obtenho, assim, duas "caras" diferentes.

Surge uma fotografia montada com duas partes esquerdas, apresentando uma imagem mais dócil, mais relaxada, mais tranquila. E, ao juntar as duas partes direitas, obtenho outra fotografia que apresenta uma imagem mais dura, mais rígida, mais séria.

Logo, na minha foto original estão "integradas" estas duas facetas como expressões de um único ser, que sou eu.

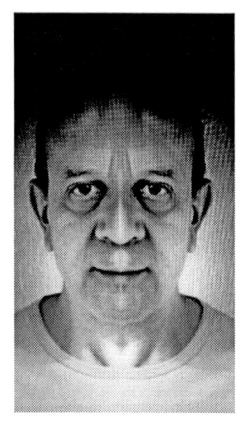 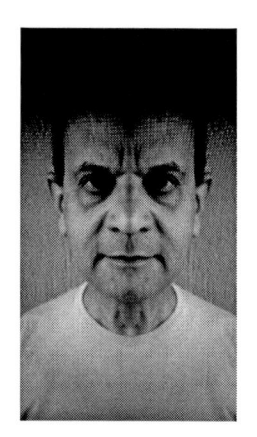

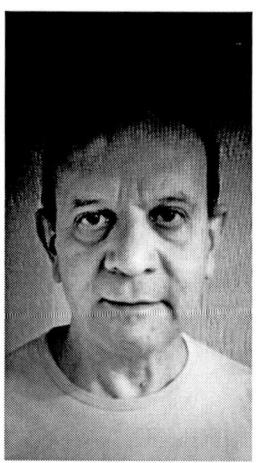

Fotos: Levi Fanan

# JUSTIFICATIVA

O trabalho na formação Gestática sempre teve, para mim, um papel de grande importância, e tenho a consciência de ter me dedicado a essas oportunidades de corpo e alma, numa ânsia de mergulhar no mais profundo de mim, algo que muitas vezes não queria ou tinha preguiça, ódio, medo de ver, mas que com o tempo fui aprendendo a lidar, a entrar neste lugar, neste tal vazio fértil, e a ter consciência de tudo o que sou.

Não menos importante tem sido a participação nos trabalhos de aprendizado do eneagrama e dos módulos da Escola SAT.

Cartaz de lançamento do filme *Chocolat*

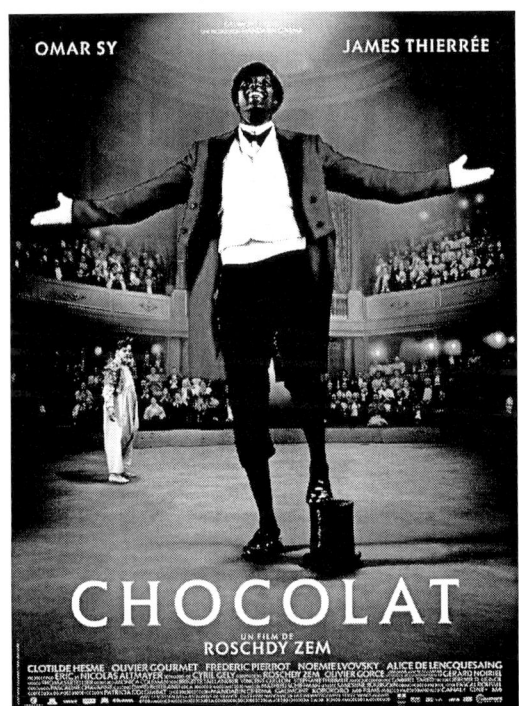

Cartaz de lançamento do filme *Chocolat*
Fonte: http://www.allocine.fr/film/fichefilm-217656/photos/detail/?cmedia-file=21259773

Foi em uma sessão de cinema – na qual assistia *Chocolat* (2016), um filme francês dirigido por Roschdy Zem e estrelado por Omar Sy e James Thierrée, que relata a história do primeiro palhaço negro da França, tratando da vida de *Mounsier Chocolat e Foot it*, dois palhaços do século passado que representaram o que se chama Augusto e Branco, os dois patéticos. O Augusto representa o inocente, o idiota, o "bobo" e o Branco representa o inteligente, o esperto –, que me dei conta de que dentro de mim habitavam esses dois personagens.

*Mounsier Chocolat e Foot it*

*Mounsier Chocolat e Foot it*
Fonte: https://www.latimes.com/entertainment/movies/moviesnow/la-et-m-
n-colcoa-french-film-festival-to-open-with-omar-sy-in-monsieur-chocolat-
-20160329-story.html

Tomei consciência do palhaço que sou e pude observar que esse é o avesso de si mesmo e que não existe comédia sem dor, e aí, em um processo de desmonte do personagem ou do reconhecimento de quem realmente sou, pude compreender a real dimensão do que representam as polaridades em minha vida e aprendo a todo instante a olhar e a compreendê-las, integrando-as em meu ser e em meu viver. E, mesmo com todos os estudos e vivências, a partir dessa difícil, dolorida e real tomada de consciência, pude me aprofundar, reconhecer as polaridades e ter um olhar maduro e claro sobre cada um dos polos que habitam em mim.

Por esse motivo escolhi o tema "Polaridades", que de início aprendi teoricamente, mas hoje posso dizer que tenho consciência desse movimento entre os polos, uma vez que o reconheço em mim. E sei quando os integro em direção à minha saúde organísmica, quando os ignoro ou me fixo em um deles em direção à minha enfermidade. E assim, nesse *continuum*, vou seguindo meus dias.

# CONTEXTO TEÓRICO

**Palavras e significados:**

**Crear**: manifestação da Essência em forma de existência.

**Dualidade**: do latim (*dualitate*), representa a existência de dois caracteres ou fenômenos distintos em um mesmo estado de coisas ou em uma mesma pessoa. Na Filosofia e na Teologia, é a doutrina que aceita a existência de dois princípios supremos, independentes, eternos, irredutíveis, opostos e necessários.

**Gestalt** ou **Gestalten** (plural): a palavra Gestalt vem do alemão e não possui tradução para outros idiomas, significa "forma" ou "partes que formam um todo", ou ainda, a maneira como cada pessoa constrói a sua percepção do mundo e de si mesmo.

**Oposto**: antagônico ou aquilo que é contrário, o inverso.

**Polaridade**: é a propriedade dos agentes físicos que se acumulam nos polos de um corpo. É a condição do organismo que tem propriedades ou potências opostas, em partes ou direções contrárias, como os polos.

**Polo**: do latim (*polus*), significa extremo.

**Sujeito**: para mim significa: a pessoa que tem capacidade de agir no mundo, meio em que vive e habita, onde cria a sua própria história e, portanto, é capaz de autodeterminar-se por meio de uma consciência reflexiva e criativa, o que permite a sua transformação pessoal e social. É um ser livre enquanto tem a capacidade de optar. Ao contrário o homem objeto, é levado pelos demais. Massificado, coisificado, dependente.

**Unidade**: originária do latim (*unitas*), significa a qualidade do que é único, indivisível, individual e não plural.

## Breve histórico da Gestalt-terapia

Os pioneiros da teoria Gestalt – Max Wertheimer, Wolfgang Köhler e Kurt Kofka – publicaram, em 1912, o artigo considerado o marco inicial da escola de pensamento da Psicologia da Gestalt: "Estudos Experimentais da Percepção do Movimento". Inspirado nesse trabalho, o médico neuropsiquiatria Friedrich (Fritz) Salomon Perls "criou" a Gestalt-terapia.

Em 1926, Fritz Perls iniciou seu processo de análise com Karen Horney e Clara Happel, o que o motivou a se tornar um analista. Em 1930, continuou a análise com Wilhelm Reich.

Já psicanalista, o pai da Gestalt passou a ter uma visão incompatível com a Sociedade de Psicanálise e rompeu definitivamente com esta em 1936. A divergência se deu, entre outras coisas, em relação aos métodos de tratamento. Perls destacou a importância do olhar para a situação da pessoa no agora, no hoje, no estado presente, ao invés de um mergulho investigativo em causas passadas. E, apesar de ainda considerar o fenômeno da transferência valioso, não acreditou que sua importância seja fundamental para o processo psicoterápico, como o fez Freud.

Escreveu, em 1942, o livro *Ego, Fome e Agressão. Uma Revisão da Teoria e do Método de Freud*, obra que marcou o seu afastamento da psicanálise. Em 1951, lançou o livro *Gestalt-terapia, Excitação e Crescimento da Personalidade Humana*, em parceria com Ralph Hefferline e Paul Goodman e nomeou o seu método terapêutico de "terapia da concentração", mas, em seguida, concluiu que este nome não representa toda a dimensão desse novo método, batizando-o, então, por Gestalt-terapia. São lançadas as bases da Gestalt-terapia, que, a partir daí, expandem-se pelo mundo.

Escreveu em 1969 o livro *Gestalt-terapia verbatim* e *Escarafunchando Fritz, Dentro e fora da lata de lixo*.

Faz-se necessário ressaltar que a história da Gestalt na América do Norte tomou dois caminhos: a Gestalt da Costa Leste (Nova Iorque, Cleveland), com foco na sistematização teórica, e a da Costa Oeste (Esalen, Califórnia), com foco na intuição e na experiência, tendo esta última uma notória expansão na Europa e América Latina, sendo o seu expoente máximo o Dr. Claudio Naranjo, discípulo e herdeiro do legado de Fritz Perls.

## Bases filosóficas da Gestalt-terapia

A Gestalt-terapia recebe diversas influências desde a sua criação. Seu criador, Fritz Perls, buscou várias fontes e novas respostas para os conflitos humanos.

Perls tem contato com a filosofia de Salomon Friedlaender, que desenvolveu o conceito de vazio fértil, para explicar que existe um "ponto zero" a partir do qual acontece uma diferenciação em opostos. "Ponto zero" é um estado que segue desde a retirada até o surgimento de uma nova sensação. Quando permanecemos atentos ao "centro", adquirimos uma capacidade criativa para ver as duas partes, o que permite uma compreensão maior para uma ação mais efetiva.

Encontra ainda ressonância para o que busca no humanismo, no existencialismo de Martin Heidegger, na fenomenologia de Edmund Husserl e Friedrich Nietzsche. E ainda encontra base na Psicologia da Gestalt de Wolfgang Kohler, Max Wertheimer, Kurt Lewin e outros, na teoria organísmica de Kurt Goldstein, na relação dialógica de Martin Buber, nas terapias psico-corporais, na couraça caracterológica de Wilhelm Reich, na psicanálise de Sigmund Freud – já que reformula as teorias dos mecanismos de defesa e o trabalho com os sonhos –, no psicodrama de Jacob Moreno, no holismo de Jan Christiaan Smuts e nas religiões e filosofias orientais, em particular, no Zen budismo e no Taoísmo.

Da fenomenologia, a Gestalt-terapia busca descrever como ocorre o fenômeno em vez de explicá-lo (porquê). Como o que se vive aqui e agora é percebido e sentido no corpo. A atenção plena no aqui e agora, permitindo que o sujeito, como observador, tome consciência do corpo e dos sentidos, em sua totalidade em relação a cada situação vivida.

Do existencialismo, traz o conceito de o homem agir como sujeito, ou seja, o homem é livre para fazer escolhas em relação ao mundo, o que o torna responsável pela sua própria vida. Existencial pois, uma vez conhecido ou assimilado, por si mesmo, converte-se em uma bússola que norteia a própria vida.

A vida, por sua vez, é uma construção, cabe ao sujeito responsabilizar-se por ela, fazendo escolhas, usando a sua liberdade, sua essência e sua autenticidade consigo e com suas relações.

Para o humanismo, o homem constrói-se a si mesmo. Portanto é necessário compreender o homem como um ser inteiro naquilo que pensa, sente e age, sendo que esse conjunto formado pelo pensar, sentir e agir, permite que ele crie a sua própria natureza. A Gestalt-terapia, com suas técnicas e estudos, oferece ao homem a compreensão e as condições necessárias ao seu autoconhecimento e crescimento.

A teoria de Campo de Kurt Lewin influenciou a Gestalt-terapia, pois diz que o estudo do meio social, do campo ou ambiente onde o indivíduo está inserido é fundamental para a sua compreensão. Conhecer alguns aspectos da pessoa, não quer dizer que a conhecemos em sua totalidade.

A teoria Holística de Jan Christiaan Smuts utiliza o conceito de holismo ao fazer uma análise ampla da vida, mente e matéria, considerando-as entidades interligadas dentro de um processo progressivo. Nesse conceito, a matéria contém o potencial da vida e da mente. Para a Teoria Holística, a natureza viva constitui-se de unidades que formam todos, organismos que são mais do que a simples soma de suas partículas elementares. E na Gestalt-terapia essa percepção global do mundo leva a um olhar do sujeito total em sua relação com o seu meio social e natural, vendo-o como um todo que também reflete em suas partes.

A Gestalt-terapia compreende que o todo é maior que a soma das partes. E, portanto, o todo possui características que não podem ser compreendidas pela simples análise das partes, mas sim por uma análise sistêmica de toda a estrutura, já que as partes formam um organismo com características e configurações próprias.

Na Relação Dialógica de Martin Buber existe duas formas de relação com o meio e com as pessoas: uma é EU-ISSO, sendo o "ISSO" o outro, o objeto de conhecimento e experiência; o objeto da consciência expressa pelo Eu. A outra é a EU-TU. Nesta ocorre a verdadeira relação, na qual duas consciências coparticipam do mundo e se encontram. A relação está embasada em uma postura dialógica, em um encontro entre os dois seres, o que permite a possibilidade da realização humana.

> Seu enfoque dialógico (de Buber) influenciou Fritz Perls na hora de substituir o vínculo transferencial psicanalítico por um encontro dialogal, o contato e a relação pontual. (PENARRUBIA, 2014, p. 85).

A Gestalt-terapia considera fundamental este "dar-se conta", pois isso é necessário para restabelecer a responsabilidade do sujeito perante o seu próprio processo de construção e a suas relações.

No processo de diálogo, mesmo que o sujeito não tenha concordância total, ele deve assumir a responsabilidade pela sua expressão franca de tudo o que ocorre nesse diálogo.

> Dizer que uma pessoa é responsável não quer dizer que cumpre com o que lhe é pedido ou que cumpre com as normas estabelecidas, mas que tem a capacidade de responder por si mesmo, sem escamotear que esta ou aquela é sua reação ou experiência: alude-se à sua capacidade de "estar por trás das próprias palavras", de pôr-se atrás de seus próprios atos, de não "evadir-se", de não esconder-se por atrás de uma fala como "aconteceu" ou "ocorreu-me" mas de poder, melhor, reconhecer "isto é o que penso", isto é o que quero. (NARANJO, 2012, p. 153).

### Da couraça caracterológica de Wilhelm Reich

> A Gestalt é uma das herdeiras espirituais das teorias de Reich pelo seu foco na sensação, na experiência organísmica e na expressão imediata e direta. (PENARRUBIA, 2014, p. 52).

Wilhelm Reich chama as resistências individuais de "couraça caracterológica", que serve como defesa frente as excitações emocionais e nela permanece ligada uma parte energética. Descobriu o que denominou de "armadura muscular", referindo-se às tensões e aos endurecimentos musculares que acabam por produzir rigidez característica na postura e na expressão. Nessa "couraça caracterológica" está registrada a soma de todas as vivências passadas, "biografia cristalizada", do sujeito.

Nesse caso, a ação terapêutica objetiva dissolver essas couraças para permitir o fluir das emoções que estavam cristalizadas, restaurando a espontaneidade e a "potência orgástica", onde o psíquico e o corporal funcionam como um sistema unitário.

Essa superação da dicotomia mente-corpo e o resgate da importância do corpo imprimem influência na Gestalt-terapia.

Claudio Naranjo, considera Perls um continuador de Reich: "[...] quem foi a primeira pessoa em ter mais fé no instinto do que na civilização atual" (NARANJO *apud* PENARRUBIA, 2014, p. 52).

## A Psicanálise de Sigmund Freud

Perls diverge de Freud em relação aos métodos de tratamento psicoterapêutico, sua filosofia e técnicas. Para ele, o trabalho de Freud não tem uma ênfase em uma visão holística do funcionamento do organismo. Perls ressalta a importância do exame da situação do sujeito no aqui e agora, em vez de se investigar questões passadas.

- Teoria dos instintos e da libido: para Perls, nenhum instinto, sexo ou agressão é básico, todas as necessidades são expressões diretas de instintos do organismo.

- Relação transferencial que Freud considera como central para a eficiência do processo psicoterapêutico: para Perls a relação terapeuta-cliente é entendida como uma relação autêntica entre duas pessoas. Essa relação dialógica, na qual surge a oportunidade de uma nova configuração criativa, permite que o cliente expresse-se autenticamente.

- Liberação de repressões como tarefa importante: Perls acreditava que o sujeito, pelo simples fato de existir, tinha muito material de fácil acesso ao trabalho terapêutico.

- Freud concebe o inconsciente como uma estrutura, com dinâmica e realidades próprias. A consciência é resultado da dinâmica do inconsciente. Já Perls concebe o inconsciente, a parte não vista, como um processo ligado, mas não determinante, a outro: ao da consciência, rejeitando o modelo freudiano – para Freud, o comportamento humano é explicado pela dinâmica do inconsciente, enquanto para Perls, o comportamento é explicado pela dinâmica da totalidade do organismo, envolvendo seus níveis conscientes e inconscientes em relação a um determinado contexto.

- Rejeita a primazia da sexualidade infantil e a repressão na origem da neurose: Perls coloca mais importância nas necessidades orais e de contato, e também aquilo que é proibido pelo meio como fatores da neurose.

- Perls não aceita a universalidade do complexo de Édipo e nem a angústia da castração.

## O psicodrama Jacob Levy Moreno

A influência do teatro na Gestalt-terapia é notória, tendo em vista que Perls participou por vários anos do teatro.

Moreno criou o Psicodrama de forma semelhante à Gestalt-terapia, considerando as relações e o contato como alicerces para a transformação do sujeito. Ambas as terapias valorizam como essencial o encontro no processo terapêutico e uma relação igualitária e autêntica, muito mais do que uma relação técnica simples. Ambas dão importância para a mobilidade corporal, a criatividade, a espontaneidade, o explorar das emoções não expressadas, utilizando-se do grupo como espaço para a confrontação e ampliação da consciência do sujeito.

## A Cadeira Vazia ou Cadeira Quente (*hot seat*)

A técnica da cadeira vazia é umas das mais conhecidas na Gestalt--terapia e consiste na disponibilidade do sujeito em viver os dois lados de um conflito. Para isso, utiliza-se de duas cadeiras vazias.

O Monodrama é uma técnica que vem do teatro e do psicodrama de Moreno, a qual é usada na Gestalt-terapia como uma possibilidade de integrar ao sujeito partes dele mesmo.

No Monodrama, o sujeito representa os personagens trocando de papel sempre que necessário, representando, assim, o significado de cada evento por parte do sujeito, o que leva ao dar-se conta da tomada de consciência.

## Exageração

A exageração aproxima-se como figura do que se pretende trabalhar, trazendo à tona o que poderia passar despercebido.

O sujeito repete determinada frase, várias vezes, aumentando o tom de voz e ou, os movimentos, de maneira que ela perceba o que sente e tome consciência disso. Portanto para a Gestalt-terapia o corpo deve ser levando em conta, sendo de suma importância a atenção às mensagens corporais, aos movimentos, aos sons que demostram a afirmação ou a desconexão com o sentir do sujeito.

A teoria organísmica de Kurt Goldstein apresenta uma visão do homem como um todo inteiro, integrado, que tende à organização, à autorealização e à renovação constante, sendo este um processo saudável, que nada mais é do que a satisfação das necessidades. Portanto um sintoma não pode ser compreendido em sua totalidade se o indivíduo não for, também, visto em sua totalidade. O que ocorre numa parte, afeta o todo. Segundo essa teoria, o homem é dominado por um impulso dominante de autoregulação, em busca constante da satisfação e da saúde.

## A teoria ou Psicologia Gestalt

A Psicologia da Gestalt aparece como a psicologia da forma, sendo um campo experimental que trouxe novos olhares para se compreender o jeito como o ser humano percebe o mundo. Para a Teoria ou a Psicologia da Gestalt, os fenômenos perceptivos organizam-se por meio da formação de totalidades ou formas *(Gestalten)*, que são então naturalmente percebidos pela pessoa. E essas totalidades são formadas por figura e fundo. O fluxo figura e fundo de um todo (fundo), emerge uma parte (figura). O fundo dá sustentação à figura e esta se destaca de um fundo. O sujeito passa a ser visto de uma maneira integral, trazendo nova visão para compreender o relacionamento do homem com o mundo. Considera que o organismo humano forma uma unidade, inseparável do corpo – mente – alma, que engloba o sentir – pensar – agir. Portanto a teoria teve início com as pesquisas de Christian von Ehrenfels, Kurt Koffka, Wolfgang Köhler e Max Wertheimer, que afirmam que só se pode ter conhecimento das partes por meio do todo.

## Conceitos da Psicologia da Gestalt

O todo e a parte: diante de algo, o percebemos como um todo e em seguida percebemos suas partes. O todo é visto primeiro, é anterior às partes. Para conhecer o todo é importante conhecer a relação que existe entre suas partes.

A figura e fundo: o fundo mostra a figura, permite que ela apareça. A figura não é isolada do fundo, que poderá emergir como uma outra figura.

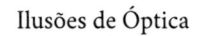

Ilusões de Óptica

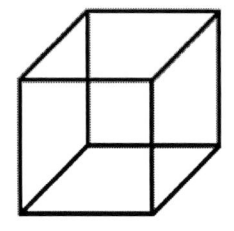 

Figuras do Cubo de Louis Albert Necker e do Vaso de Edgar Rubin

O aqui e agora: o presente é resultante de um passado, das projeções, sonhos e expetativas futuras. É no presente, no aqui e agora, que a experiência acontece e deve ser compreendida. Portanto ao descrever o que acontece utiliza-se o "como" e o "o que quê", em vez do "por que", que leva a explicar o fato.

## A Gestalt-terapia

A Gestalt-terapia é o fenômeno presenciado, no aqui e no agora.

A Gestalt-Terapia permite novos olhares para a vida, na qual nada é definitivo, existem sempre possibilidades a serem exploradas, escolhas novas a serem feitas. A aceitação verdadeira de nossa forma de funcionar, permite--nos enfrentar as situações com mais espontaneidade, criatividade e leveza, com a certeza de que sempre estamos fazendo o melhor naquele momento.

Um princípio da abordagem da Gestalt-terapia é que uma observação das partes não deve permitir a compreensão do todo, já que este é definido pelas interações e interdependências das partes. Portanto não somos: mente, corpo, emoções e espírito, mas uma totalidade muito maior do que a simples soma dessas partes. A Gestalt-terapia visa a integrar as dimensões sensorial, afetiva, intelectual, social e espiritual do ser humano. Sendo assim, não visa exclusivamente os "doentes" ou "desajustados", mas o desenvolver do potencial humano. É uma terapia integrativa e criativa. É vivencial ou experiencial, muito mais do que intelectual. Obter a consciência da consciência é muito mais do que um simples entendimento.

Portanto a

> Gestalt-terapia, embora, formalmente apresentada como um tipo de psicoterapia, é baseada em princípios que são considerados como uma forma saudável de vida. Em outras palavras, é primeiro uma filosofia, uma forma de ser, e com base nisto, há maneiras de aplicar este conhecimento de forma que outras pessoas possam beneficiar-se dele. Gestalt-terapia é a organização prática da filosofia da Gestalt. (PERLS, 1975, p. 14-15).

A Gestalt-terapia está focada no conceito de contato e na natureza das relações de contato da pessoa com ela mesma e com o seu meio.

> *O contato pleno acontece quando as funções sensitivas, motoras e cognitivas se unem, num dinâmico movimento dentro-fora-dentro, para, por meio de uma consciência emocionada, proporcionar no sujeito bem-estar, uma escolha, uma opção real por si mesmo.* (PONCIANO, 1997, p. 34, grifo do autor).

Portanto, para a Gestalt-terapia, a existência sempre virá antes da essência, de modo que esta é construída a partir da relação com o meio. Dentro dessa perspectiva, pode-se dizer que para o sujeito se desenvolver, ele precisa relacionar-se com seu semelhante para se constituir como tal. Enquanto sujeito, o homem é livre e dono da sua própria construção que nunca acaba. Ele, como construtor, é o responsável pela sua própria história, com as escolhas que faz e as decisões que toma.

Este homem pode ficar preso às suas próprias crenças, que são forjadas na relação que ele estabeleceu com o meio, ao longo de sua vida e que podem paralisar, estagnar ou cristalizá-lo, tornando-o limitado nas suas potencialidades.

O homem sempre está em um processo de movimento e desenvolvimento permanente, em processo perene de mudança, no qual a Gestalt-terapia age ampliando a possibilidade de crescimento e autoconhecimento ao integrar as partes conhecidas e aceitas e as partes desconhecidas ou negadas que existem em nós mesmos, o que, consequentemente, amplia a consciência de si – passamos a compreender com maior amplitude aquilo que realmente somos e isso permite a tomada de decisões e ações mais responsáveis, fazendo com que a vida flua de maneira mais saudável.

A Gestalt-terapia considera que sempre estamos em contato com o meio e por intermédio deste contato que o sujeito pode tornar-se saudável ou não. Pelo contato nos damos conta do próprio processo e isso nos permite ser criativos na forma de ver o mundo e de fazer escolhas na vida. A Gestalt-terapia leva, então, o sujeito a uma tomada de consciência da própria consciência (*awareness*), do funcionamento de si e de como manter ou interromper o seu processo de contato consigo ou com o meio. Quanto mais o sujeito se conhece, mais faz melhores escolhas, toma suas decisões e assume responsabilidade sobre elas.

A ação na Gestalt-terapia será a de possibilitar ao sujeito a tomada de consciência de suas polaridades e a de detectar as interrupções no fluxo entre elas, permitindo um crescimento saudável, ou seja, uma alternância e harmonia crescente entre os dois polos.

> O objetivo da terapia Gestalt é conseguir que as pessoas aprendam a erguer-se sobre seus próprios pés, que organizem sua própria confusão. (PERLS *apud* NARANJO, 2012, p. 33).

## Figura-Fundo

A figura é o que sobressai de um fundo ou contexto em que aparece um elemento. A figura é a necessidade mais importante do sujeito. Ela surge e satisfeita retorna ao fundo, proporcionando um equilíbrio temporário, permitindo surgir a próxima necessidade que passa a ser mais importante agora.

Fundo é a soma de tudo aquilo que aprendemos ou vivenciamos. Nossas lembranças, conceitos, pré-conceitos, o aprendizado cultural, social e religioso, como percebemos a vida e tudo o que nos cerca. E tudo o que nos toma a atenção em determinado momento, seja um objeto, uma necessidade a ser satisfeita, como fome, amor, dinheiro, poder, sede, dentre outras, é o que é chamado de figura.

Estamos em constante alternância entre figura-fundo e, conforme nossas necessidades e interesses, essa figura muda.

Quando esse processo flui, a pessoa consegue formar figuras definidas, claras. Quando não, o sujeito, não consegue definir aquilo que precisa para atingir a sua satisfação. Diz-se então que a Gestalt não foi "fechada", está fixada ou cristalizada, e enquanto estiver "aberta", o estado é de desequilíbrio.

> "A formação de Gestalten, completas e abrangentes é a condição da saúde mental e do crescimento", caso não se complete representará uma situação inacabada que clamará por atenção dificultando a formação de nova Gestalt. (PERLS; HEFFERLINE; GOODMAN, 1997, p. 33).

A figura diferencia-se do fundo, mas não se isola dele. Essa é uma relação constante entre a parte e o todo. A Gestalt-terapia leva em conta que, se trabalharmos a figura, estaremos interferindo no fundo e consequentemente modificando o todo. Portanto o olhar da Gestalt-terapia é dado pelas figuras, pelo que surge agora: movimentos, ações, emoções, palavras do sujeito em ou diante de uma situação, pois cada uma dessas figuras mostra uma necessidade não satisfeita e importante para o equilíbrio do todo.

## Organismo/ambiente

> *Nenhum organismo é autossuficiente. Requer o mundo para a satisfação de suas necessidades.* (Perls, 2002).

Assim, existe sempre uma interdependência entre o organismo e o seu ambiente. E o ambiente é importante para que o sujeito se compreenda.

## Autoregulação organísmica

Os seres vivos possuem uma tendência natural para a regulação. O organismo por si mesmo busca o seu equilíbrio homeostático. Possuem a capacidade espontânea e natural de regular o seu ambiente interno de modo a buscar a manutenção da estabilidade. Todo organismo possui a capacidade de realizar um equilíbrio consigo mesmo e com o seu meio.

## Contato

O sujeito não está dissolvido em seu meio, portanto todos os fenômenos importantes acontecem no limite, na "fronteira de contato" entre o organismo e os estados internos ou entre a pessoa e o seu meio.

> Contatar é, em geral, o crescimento do organismo. Pelo contato queremos dizer a obtenção de comida, amar e fazer amor, agredir, entrar em conflito, comunicar, perceber, aprender, locomover-se, a técnica em geral toda função que tenha de ser considerada primordialmente como acontecendo na fronteira, num campo organismo/ambiente (PERLS; HEFFERLINE; GOODMAN, 1997, p. 179).

O contato é indispensável para que haja *awareness,* consciência.

> O contato é awareness da novidade assimilável e comportamento com relação a esta; e rejeição da novidade inassimilável (PERLS; HEFFERLINE; GOODMAN, 1997, p. 44).

## Fronteira de contato

É a fronteira entre o organismo e o seu ambiente. Ela não os separa, apenas limita e protege o organismo, além de fazer o contato com o ambiente. É na fronteira que o novo é selecionado e assimilado. Nesse processo o organismo é sucessivamente modificado e a experiência acontece (PERLS; HEFFERLINE; GOODMAN, 1997, p. 43).

Para a Gestalt-terapia a "fronteira de contato" significa a margem flutuante onde o ego e o outro se encontram e algo acontece. Perls considera que é nesse exato local onde acontece o encontro e o afastamento entre o outro e o self, o que pode explicar a responsabilidade que o sujeito tem em construir a sua própria experiência. Aí ocorre o crescimento, já que a necessidade surge de um sujeito que se junta ao ou se afasta do que está disponível no ambiente para satisfazê-lo. Esse movimento chama-se "ciclo de satisfação das necessidades", "ciclo de experiência", "ciclo de auto regulação organísmica" ou o "ciclo de contato". Contato é o encontro pleno, de mudança, de vida.

## Awareness – o dar-se conta

É um estar presente, atento e em contato com a própria existência, com aquilo que é. Me dou conta, quando respondo a estas perguntas: o que estou fazendo agora? O que sinto agora? O que tento evitar agora? O que quero ou espero? É estar consciente do que se passa dentro e fora de si no momento presente, em nível mental, corporal, emocional e por que não, espiritual. Representa o conhecimento de si mesmo, a autoaceitação e a capacidade de contato. O sujeito consciente aceita a realidade e sabe que tem alternativas e escolhe a melhor para o momento.

Para Perls, é a:

> [...] habilidade humana de estar em contato com sua própria existência, de perceber o que acontece dentro de você ou à sua volta, de conectar com o ambiente, com outras pessoas e com você mesmo; saber a que você está sensível ou o que está sentindo ou pensando; como você está reagindo neste momento. A *Awareness* envolve todas as experiências físicas, mentais, sensórias, emocionais, cognitivas e energéticas. (PERLS; HEFFERLINE; GOODMAN, 1997, p. 106).

> O objetivo da Gestalt-terapia é o *continuum* da *awareness*, a formação continuada e livre de Gestalt, onde aquilo que for o principal interesse e ocupação do organismo, do relacionamento, do grupo ou da sociedade se torne Gestalt, que venha para o primeiro plano, e que possa ser integralmente experienciado e lidado (reconhecido, trabalhado, selecionado, mudado ou jogado fora, etc) para que então possa fundir-se com o segundo plano (ser esquecido, ou assimilado e integrado) e deixar o primeiro plano livre para a próxima Gestalt relevante. (LAURA PERLS, 1973, p. 2 *apud* YONTEF, 1998, p. 31).

> *Awareness* total é o processo de estar em contato vigilante com os eventos mais importantes do campo indivíduo/ambiente, com total apoio sensorial, motor, emocional, cognitivo e energético. O *insight*, uma forma de *awareness*, é uma percepção óbvia imediata de uma unidade entre elementos, que

no campo aparentam ser díspares. O contato com *awareness* gera totalidades significativas novas e, portanto, é em si a integração de um problema. (YONTEF, 1998, p. 31).

## Self

O *self* existe e se revela onde o contato ocorre, ou seja, onde exista uma interação de fronteira (PERLS; HEFFERLINE; GOODMAN, 1997).

É, portanto, o sistema de contatos e a sua ação é formar figuras e fundos. Possui flexibilidade já que oscila entre as necessidades dominantes e os estímulos ambientais. Busca encontrar e fazer os significados por meio dos quais haja crescimento.

No processo figura-fundo, o *self* possui três estruturas:

- **Id**: é o fundo que inclui as excitações orgânicas, as situações passadas inacabadas, o ambiente percebido de maneira vaga e os sentimentos mais rudimentares que conectam o organismo ao ambiente.

- **Ego**: é a identificação progressiva num contato em andamento, inclui o comportamento motor, a agressão, a orientação e a manipulação.

- Personalidade: é a figura criada na qual o self se transforma e assimila ao organismo, unindo-a com os resultados de um crescimento anterior. (PERLS; HEFFERLINE; GOODMAN, 1997, p. 184).

## Ajustamento criativo

Todo contato é o ajustamento criativo do organismo e ambiente. Significa que o sujeito não pode limitar-se ao ajustamento, à adaptação, à submissão e aos limites do ambiente, mas deve transformá-lo.

> A autopreservação e o crescimento são dois polos de um mesmo processo: Apenas aquilo que é preservado é que pode crescer pela assimilação, e só aquilo que assimila a novidade é que pode se preservar, não degenerar... (PERLS; HEFFERLINE; GOODMAN, 1997, p. 179).

Nossas necessidades ou figuras provêm do fundo e assim que satisfeitas, naturalmente retornamos ao estado de equilíbrio. Nesse movimento ocorre duas situações, a saber:

Quando o sujeito sente a excitação que pede para ser saciada e busca saídas para satisfazer essa necessidade ou perde o interesse por não considerar essa satisfação tão importante, ele está em um funcionamento saudável.

O sujeito está sempre em interação com o meio e em constante mudança. Havendo dificuldades nesse processo de equilíbrio, entre o que é novo e os hábitos já cristalizados, podem surgir os conflitos e os sofrimentos. E quando o sujeito consegue manter o equilíbrio entre organismo e meio, ele possui autonomia e condições de ser responsável pelas suas atitudes.

Ajustamento criativo é considerado a forma saudável com a qual a pessoa interage no ambiente, já que realiza trocas conscientes em direção ao processo de autorregulação do organismo.

> Nos ajustamentos criativos saudáveis, o self avalia partes do campo como suas e afasta o que julga não lhe pertencer – pré contato. Se polariza, e em um processo ativo delibera a organização de emergências em uma fronteira flexível – contatando. Analisa e aliena possibilidades, espontaneamente, com excitamento e *awareness*, na formação de uma figura-contato final - até que se destrua a Gestalt, espontaneamente, assimilando-a – pós contato. (PERLS; HEFFERLINE; GOODMAN, 1997, p. 248).

**Ajustamento neurótico:** ocorre quando o sujeito, na busca da satisfação dessa necessidade, se aliena, não percebe o que acontece consigo e não consegue formar figuras, identificar as necessidades e expressar a sua espontaneidade. Tudo isso torna sua vida dolorosa e confusa. Não consegue satisfazer uma necessidade verdadeira, já que não consegue identificá-la. Existe uma desconexão com o momento presente. Muitas vezes a pessoa oferece respostas antigas para novas situações que se apresentam e não consegue dar-se-conta de que as respostas que serviram em um determinado momento passado não servem para a situação que enfrenta no momento presente e atual.

Assim, para a Gestalt-terapia, a neurose é a incapacidade de modificar as técnicas de manipulação e interação com o meio. Quando o sujeito imobiliza-se oferecendo respostas antigas para novas situações, ele se torna menos disponível para ir em direção às suas necessidades sociais e de sobrevivência. Quando existe uma restrição consciente em relação a alguns interesses, percepções e movimentos que o levam a focar a atenção em outra parte, isso é considerado como uma deliberação saudável e consciente. Mas, se essa deliberação por não agir ou reprimir um impulso, tornar-se um hábito repetitivo, isso leva a um comportamento neurótico, pois, depois de algum tempo, o sujeito se distanciará e perderá o contato com aquele hábito sem se dar conta disso e passa a considerar isso como normalidade ou como sua forma natural de funcionar.

A neurose é um processo de repetição constante de mecanismos neuróticos e não um processo espontâneo de autorregulação. Para manter um ajustamento saudável, é necessário criar, estar em contato, gerar novidades. Essa possibilidade de ajustamento vai perdendo-se no indivíduo que apresenta comportamentos neuróticos. O contato da pessoa consigo mesma e com os elementos do meio (ambiente físico e social) fica prejudicado de forma que ela desiste, muitas vezes, de buscar a satisfação; passa a não discriminar o que realmente é importante para si; perde seu auto suporte e orienta-se pelas referências externas; não percebe o óbvio; não consegue mais entrar em contato com seus sentimentos e emoções; perde a espontaneidade no modo de ser e agir, passando a não ser mais criativo.

O sujeito saudável está em mudança constante, buscando adaptar-se ao meio, equilibrar-se e manter a sua significância nesse ambiente. E, havendo perturbação nesse contato, ocorre uma paralisação no desenvolvimento natural do sujeito e uma frustração em relação à satisfação das necessidades. Acontece, então, o ajustamento neurótico, ou seja, inicia-se um mecanismo de evitação ou interrupção do contato.

> Todas as pessoas administram sua energia de modo a obter um bom contato com seu ambiente ou para resistir ao contato. Se a pessoa sente que seus esforços serão bem-sucedidos – que ela é potente e seu ambiente é capaz de proporcionar um retorno nutridor, irá confrontar seu ambiente com vontade, confiança e ousadia. Mas se seus esforços não conseguirem o que desejam, ela entra num impasse com uma extensa "lista de roupa suja" de sentimentos perturbadores: raiva, confusão, futilidade, ressentimento, impotência, desapontamento, e assim por diante. E então ela precisa redirecionar essa energia de diversos modos, e todos reduzem a possibilidade da interação plena de contato com seu ambiente (POLSTER; POLSTER, 2001, p. 39).

A utilização dos mecanismos de defesas é saudável, porém, se forem utilizados como forma padronizada de comportamento ou pensamento, tornam-se mecanismos neuróticos.

Os comportamentos neuróticos são ajustamentos criativos de um campo onde há repressão (PERLS; HEFFERLINE; GOODMAN, 1997, p. 248).

## O Ciclo de satisfação das necessidades

O sujeito, ao buscar satisfazer as suas necessidades, está inserido em um processo, em um ciclo chamado de ciclo Gestáltico ou ciclo de autorregulação organísmica. Para a Gestalt-terapia, o ciclo da experiência é o retrato da vida humana com sua interminável sucessão de ciclos e demonstra como o sujeito estabelece contato consigo mesmo e com o seu entorno. Chamado também de "Ciclo da autorregulação organísmica", uma vez que o organismo sabe o que lhe convém e entende que precisa regular a si mesmo, demonstra também o processo de formação figura-fundo, como surgem enquanto necessidade e o seu desaparecimento com as necessidades satisfeitas.

O ciclo da experiência tem início quando o organismo em repouso sente emergir uma necessidade. O sujeito toma consciência e identifica em seu meio elementos ou objetos que satisfaça essa necessidade, essa figura que se destaca sobre o fundo. O organismo então mobiliza suas energias para realizar ou alcançar o objeto desejado, de maneira que satisfaça a necessidade, que, uma vez satisfeita, permite ao organismo novamente entrar em repouso.

Joseph Zinker (2007) descreve seis etapas:

- **Repouso:** resulta de uma necessidade satisfeita anteriormente e está em equilíbrio sem nenhuma necessidade agora.
- **Sensação:** – o que sinto? – o sujeito saí do seu lugar pois sente algo que não pode definir, como: movimentos, sons, intranquilidade.
- **Formação da figura ou dar-se-conta:** – o que necessito? – a sensação identifica-se como uma necessidade específica e identifica também aquilo que pode lhe satisfazer, o que faz sentido concreto para o sujeito, forma-se a figura.
- **Energização:** – como consigo? – o sujeito reúne a força ou concentração que necessita para satisfazer a necessidade que se apresenta.
- **Ação:** – como faço? – fase mais importante de todo o ciclo, pois o sujeito mobiliza seu corpo para satisfazer sua necessidade, mobiliza-se e se encaminha ativamente para o sucesso que deseja.

- **Contato:** – estou satisfeit@? – nesta etapa acontece a conjunção do sujeito com o objeto de sua necessidade, satisfazendo-se. E assim, encerra este ciclo e dá início a outro.

Durante esse ciclo e nessas fases podem ser formadas interrupções, impedindo a satisfação organísmica, o que pode dar lugar a diversos tipos de patologias. Aqui atuam os chamados mecanismos de defesa, impedindo, reprimindo o contato e a satisfação ou o fechamento de uma Gestalt, que, se não concluída, passa a consumir energia até que esteja satisfeita. Portanto sempre que há um impulso para satisfazer a necessidade, também existe a possibilidade de reprimir, bloquear, resistir, deformar, desviar ou anular esses impulsos, sendo estes os chamados mecanismos de defesas.

O cumprimento desse ciclo permite o encerramento da Gestalt e o sujeito fica disponível para a próxima que surgir.

Na figura abaixo está representado esse ciclo de satisfação das necessidades ou fator de cura e ainda os bloqueios, representados pelos mecanismos de defesa.

Temos então o ciclo saudável, a sequência contínua de figura-fundo, trocas com o meio e satisfação das necessidades. Ou temos o ciclo não saudável, no qual ocorrem os bloqueios ou as interrupções no processo saudável.

Fonte: http://www.haiki.es/2015/04/ciclo-de-satisfaccion-de-la-necesidad/

## Mecanismos de defesa

Nada mais são do que os obstáculos para a satisfação das necessidades do sujeito e podem surgir em qualquer momento do processo ou ciclo de experiência.

### Movimento saudável – instinto somático:

Sensibilização – Que sinto?

Tomada de consciência – **Não tenho claro**.

Energização – Necessito disso.

### Mecanismo não saudável – neurótico:

Introjeção – Tens que sentir isto.

Repressão – Não sintas isso.

Deflexão – Não é isso, é outra coisa.

Dentre os bloqueios de contato, pode-se destacar:

- **Fixação:** quando o sujeito apega-se demasiadamente a pessoas, ideias ou coisas, temendo o novo e a realidade e sente-se incapaz de explorar novas situações, permanecendo fixado em coisas, emoções e pessoas, por medo de correr riscos.

- **Introjeção:** quando o sujeito obedece e aceita opiniões arbitrárias, normas e valores que pertencem aos outros, engolindo situações e coisas alheias sem desejar e sem conseguir defender seus direitos por medo da sua própria agressividade e da dos outros – gosta de ser mimado. O que necessito? – ocorre entre a sensação e tomada de consciência e é a proibição (não deves...) ou a ordem (deves...).

- **Projeção:** quando o sujeito possui dificuldade de identificar o que é seu, atribuindo ao outro, ao mau tempo, as coisas que não gosta em si, bem como a responsabilidade pelos seus fracassos. Desconfia de todo mundo como prováveis inimigos e gosta que os outros façam as coisas no seu lugar. O sujeito projeta sobre outros seus sentimentos proibidos e introjetados que ele não pode aceitar. Aquele que introjeta renúncia a sua própria identidade.

- **Retroflexão:** consiste em fazer a si mesmo o que gostaria de fazer nos outros ou deles receber.

- **Repressão:** é a maneira como nos dessensibilizamos diante de uma sensação ou necessidade, influenciados por introjetos que reprimem a necessidade, bloqueando as sensações internas e externas, racionalizando aquilo que sentimos e negando o que nos apetece.

- **Evitação ou deflexão:** para esfriar ou evitar o contato, surgem expressões, tais como: nós, alguém ele, o grupo, se, falar de alguém como se estivesse ausente, eu penso, em outro lugar, antes, depois, sempre, jamais, geralmente com perguntas, olhando ao teto, ao vazio, intelectualizar, falar e falar.

- **Confluência ou simbiose:** aqui se reduz a diferença entre o sujeito e os demais. Um casamento, um filho superprotegido, dependência de uma comunidade social ou religiosa etc.

Quando não conseguimos satisfazer essas necessidades, de maneira a evitá-las, surge em nós um sentimento de insatisfação e desconforto, culpamos os outros e a própria vida pela incapacidade de nos sentirmos satisfeitos e é essa dificuldade em reconhecer esta invalidação que nos torna neuróticos, por isso essas evitações são chamadas de mecanismos de defesa (por Perls) ou mecanismos neuróticos (por Zinker).

## Fatores de cura
(se contrapõem aos bloqueios de contato)

- **Fluidez:** é quando o sujeito se movimenta, localiza-se no tempo e no espaço, deixando posições antigas e se renovando, mais solto e espontâneo, com vontade de criar e recriar a própria vida.

- **Consciência:** quando o sujeito se dá conta de si mesmo de maneira mais clara e reflexiva. Permanece mais atento ao que ocorre à sua volta, percebe-se se relacionando com mais reciprocidade com as pessoas e as coisas;

- **Mobilização:** ocorre quando o sujeito sente a necessidade de mudar a si mesmo, de exigir seus direitos, de separar suas coisas das dos outros, de sair da rotina, de expressar seus sentimentos exatamente como os sente e de não ter medo de ser diferente.

## Polaridades

Por ser o tema central, deixo de apresentar aqui maiores detalhes, desenvolvendo-o de maneira mais ampla e profunda na segunda parte deste livro.

Toda moeda tem duas partes: a cara e a coroa. Sempre que olho para um lado da moeda deixo de ver o outro lado. Quando vejo a cara não vejo a coroa. Quando olho para um dos lados, não vejo a moeda toda, vejo uma parte, e quando vejo uma parte, nego a outra e, consequentemente, a própria moeda. A moeda para ser inteira e manter o seu valor precisa ser considerada com as suas duas partes, os seus dois polos.

## Gestalt de vanguarda, viva, integrativa e sem fronteiras

Claudio Naranjo inspira profundamente a comunidade Gestática na América Latina e na Europa, deixando-nos o conceito da Gestalt viva. Ela é viva porque possui a prática existencial e está em constante evolução, o que permite ampliar a consciência do sujeito. É, também, sem fronteiras, porque transpõe barreiras e vai além da teoria e da técnica. É integrativa, pois visa a integração do sujeito.

Para Naranjo (1990), a Gestalt é mais do que uma simples abordagem ou técnica terapêutica. Trata-se de uma atitude existencial que possibilita ao homem tornar-se verdadeiro, autêntico e espontâneo. A Gestalt-terapia é um enfoque singular de terapia, porque põe atenção mais sobre a intuição ou sobre a compreensão viva e direta mais no que se faz da relação de ajuda, do que sobre os pressupostos teóricos. Trabalha com a experiência, com o mínimo de interposição teórica. O espírito da Gestalt é o espírito de Fritz, afirma Naranjo, um espírito integrativo interessado em transpor fronteiras e abrir novos caminhos. A Gestalt-terapia é uma forma de estar na vida.

Claudio Naranjo, por ser o pioneiro da psicoterapia integrativa, da psicologia transpessoal e das tradições psicoespirituais, foi o primeiro a desenvolver e a introduzir técnicas de meditação, utilizando-as como complemento na Gestalt-terapia desde seus trabalhos desenvolvidos em Esalem.

Para Naranjo, a Gestalt é viva, mas existe também uma Gestalt morta, porque existe uma Gestalt imitativa, rígida, dogmática, excessivamente teórica, a qual é fruto de que a Gestalt caiu em mãos de pessoas que não tinham muito poder terapêutico.

**Princípios da Gestalt-terapia,** descritos por Cláudio Naranjo (1990, p. 21):

*1. Viver no agora: ocupa-te com o presente mais do que com o passado e com o futuro;*

*2. Viver aqui, relacionar-te mais com o presente do que com o ausente;*

*3. Deixa de imaginar: experimenta o real;*

*4. Abandona os pensamentos desnecessários; melhor sentar-te e observar;*

*5. Prefere expressar antes que manipular, explicar, justificar ou julgar;*

*6. Entrega-te ao desagrado e a dor tanto quanto ao prazer; não restrinjas tua percepção;*

*7. Não aceites nenhum outro "deveria ou teria", mas do que o teu próprio: não adores a nenhum ídolo;*

*8. Responsabiliza-te plenamente por tuas ações, sentimentos e pensamentos;*

*9. Aceita-te como és.*

# POLARIDADES

O conceito dos opostos constitui a base das teorias religiosas e filosóficas e a observação nos leva a atenção para dois extremos em quase tudo o que vemos. Por exemplo: dia e noite, claro e escuro, feio e bonito. Ou seja, sempre para um lado daquilo que observamos existe um outro, oposto. E eles se complementam, pois, para existir um, necessariamente deve existir o outro. Portanto em qualquer aspecto da natureza e em qualquer forma de nosso organismo tudo tem seu oposto.

Todas as formas polares são parte da nossa natureza e em si mesmas não são incompatíveis, somos nós que, por meio de um juízo prévio, limitamos a nossa consciência, considerando adequada uma das partes. O sujeito tende a conhecer e a avaliar seus pares de contrários. A tendência é a de fracionar a realidade, para que, em pedaços, possa ser analisada.

Todos possuem polos. E se o sujeito estaciona em apenas um polo, dando as costas para o outro sem nunca o experimentar, este organismo entra em desequilíbrio. É a partir disso que surge a importância da compreensão e da integração desses polos ou polaridades, uma vez que são essenciais para o equilíbrio e o funcionamento harmônico e saudável do organismo e de suas relações.

Somos um conjunto de forças polares que se inter-relacionam. Quando o sujeito possui um comportamento rígido, ele está funcionando em apenas um dos seus polos e quando isso acontece significa que a outra polaridade está escondida, oculta.

> [...] se quisermos ficar no centro do nosso mundo, seremos ambidestros – então veremos os dois polos de todo evento. Veremos que a luz não pode existir sem a não-luz. A partir do momento em que existe igualdade, não se pode mais perceber. Se sempre existisse luz, vocês não experienciariam mais a luz. Deve haver um ritmo de luz e escuridão (PERLS, 1977, p. 35).

O sujeito saudável reconhece e integra a maioria de suas polaridades. No funcionamento não saudável, ele é incapaz de aceitar algumas partes de si mesmo, negando algumas polaridades e escondendo aqueles aspectos que imagina ser condenáveis.

O não reconhecer, o não aceitar, o esconder as polaridades gera um conflito interno no sujeito. O conflito existe quando estamos diante do desacordo e das diferenças em oposição. O conflito promove um "embate" entre as polaridades da pessoa, entre a polaridade aceita e a oculta ou rejeitada. Quanto mais o sujeito se autoconhecer, quanto mais descobrir os segredos que guarda de si mesmo, mais inteiro e saudável se tornará. Isso sendo, quando o sujeito pode se apropriar dos dois polos, pode escolher com mais propriedade e conforto as suas decisões. Se conhecendo e trabalhando com esses lados em seu meio, evita buscar no outro aquele polo que sente que falta em si mesmo.

Para Perls (2002), o pensamento em opostos está enraizado no organismo humano, a diferenciação em opostos é uma qualidade essencial da vida. Assim, podemos com mais facilidade reconhecer e transitar entre as polaridades.

Em síntese, o sujeito quando está sob seu automatismo, está mais aberto a uma polaridade do que a outra. Daí a necessidade de resgatar o polo oposto que nega ou não quer ver para flexibilizar atitudes e comportamentos limitantes ou danosos que o impedem de crescer.

Se o sujeito nega o polo que entende como inaceitável ou repulsivo, ele pode negar outras qualidades, pois o que nega é inaceitável e repulsivo diante do seu universo de conhecimento, o que não quer dizer que o que nega seja ruim. E na medida em que o sujeito se identifica com um polo, transfere sua atenção ao outro polo contrário a si mesmo.

O sujeito saudável por conhecer a maioria de suas polaridades sabe, por exemplo, que se possui uma parte agressiva, possui também ternura, a parte oposta. Esses dois polos estão vivos e atuantes dentro do sujeito. Quando um desses polos é ignorado, ele continua querendo ser visto e passa a gerar uma tensão interna, que só será acalmada quando o sujeito reconhecer e integrar suas polaridades.

Estamos, portanto, a todo o tempo em contato intenso com as polaridades que vão integrando-se para a manutenção de nossa saúde e harmonia. Então, quando fixamos nos extremos dessas polaridades e não conseguimos integrá-las, isso nos perturba e surgem sintomas que alteram o organismo. Elas, as polaridades, têm origem em nossa história e em como percebemos a realidade interna e externa. Todas as nossas polaridades têm seus opostos e buscam a integração. O trabalho interno da Gestalt-terapia é o de facilitar a união das partes opostas da personalidade.

Para a Gestalt-terapia, quem escolhe e define as polaridades é o próprio sujeito e não o psicoterapeuta, pois é o sujeito que traz este conhecer de toda sua experiência, de seu referencial, da sua cultura e da sua história. Para o sujeito, muitas vezes, a compreensão é diferente, pois para ele nem sempre a polaridade de amor vai ser o ódio, pode ser a tristeza, a raiva, a angústia etc.

Quanto mais o indivíduo experimenta os lados, os opostos, mais se ampliam e enriquecem suas possibilidades. A Gestalt-terapia busca gerar, então, o dar-se conta e o contato do indivíduo com seus aspectos desintegrados, de forma a proporcionar o trânsito entre as polaridades e a integração da personalidade.

Dicotomia permite o conhecer das percepções, emoções e atributos de um sujeito. Polarização é o ato de o sujeito reconhecer um polo, uma emoção e não reconhecer o outro polo ou a emoção oposta. A Gestalt-terapia objetiva integrar as polaridades. O sujeito, às vezes, funciona em só um dos polos, negando e desconhecendo o outro polo, ou seja, quando está em uma polaridade a outra está apagada, oculta. Enquanto uma é figura a outra é fundo. As duas polaridades funcionam juntas, devemos ter consciência dos dois polos em cada evento. O sujeito saudável reconhece e integra a grande maioria das suas polaridades. Caso contrário, o sujeito é incapaz de perceber ou aceitar partes de si mesmo, nega alguns polos, por considerá-los condenáveis. E quando em oposição ou desacordo surge o conflito, que nada mais é do que uma disputa entre as polaridades "luz e sombra" do sujeito. Portanto quanto mais o sujeito aprender, descobrir, conhecer os seus segredos que guarda em si mesmo, mais saudável tornar-se-á. Isso gera uma sensação de conforto consigo mesmo, pois pode se apropriar dos dois lados. É livre para escolher. E quando não trata com a projeção desse seu polo no meio ou no ambiente, vai buscar no outro aquele polo que acredita faltar em si. A Gestalt-terapia busca a tomada de consciência, o dar-se conta, a *awareness*, levando o sujeito ao contato com seus aspectos desintegrados, proporcionando o trânsito entre os polos e a consequente integração da personalidade.

Perls encontra na teoria de Friendlaender respostas para as polaridades:

> [...] todo evento se relaciona com um ponto zero, a partir do qual ocorre uma diferenciação em opostos. Esses opostos apresentam, em seu contexto específico, uma grande afinidade entre si. Permanecendo atentos no centro, podemos

adquirir uma habilidade criativa para ver ambos os lados de uma ocorrência completar uma metade incompleta. Evitando uma perspectiva unilateral, obtemos uma compreensão muito mais profunda da estrutura e função do organismo. (PERLS, 2002, p. 45).

Friedlaender trouxe um modo simples de orientação primária. Qualquer coisa se diferencia em forças opostas. Se somos capturados por uma dessas forças opostas, estamos numa cilada, ou pelo menos, desequilibrados. Se ficamos no nada do centro-zero, estamos equilibrados e temos perspectiva. Mais tarde percebi que este é o equivalente ocidental do ensinamento de Lao-Tsé. (PERLS, 1979, p. 96).

Fecha-se a Gestalt das polaridades definidas, que se integram depois de transitarem pelo vazio fértil, esse ponto zero da indiferença creativa.

A Gestalt-terapia nos convida a viver plenamente cada um dos aspectos que chamamos de polaridades. O sujeito, ao incorporar o seu oposto como uma forma de dissolver uma falsa identidade, aproxima-se de uma visão mais autêntica e espontânea de si mesmo.

Um polo não exclui o outro e sim o complementa. E para um polo existir, necessariamente requer a existência do outro.

Portanto para a Gestalt-terapia, a neurose ocorre quando o sujeito exclui um polo e só se reconhece dentro de um modo, dentro de um padrão ou dentro de uma única polaridade. Ocorre quando o sujeito apresenta dificuldade em entrar em contato com as suas necessidades e incômodos e passa a repetir comportamentos, o que impede o seu crescimento e limita a sua capacidade de entrar em contato com a realidade, dificultando o ato de entrar em conexão com o presente, o que o leva a desenvolver uma percepção engessada, narcotizada ou cristalizada de si mesmo ou de seu meio. O sujeito então perde a sua capacidade de atualização, de crescimento e de mudança, gerando sofrimentos e restrições.

A visão gestáltica do ser humano é a de um conglomerado de forças polares ou pulsões internas opostas, que se entrelaçam entre si.

Na Gestalt-terapia o trabalho com as polaridades permite o contato com as diferentes partes de si mesmo, o que permite ampliar o olhar sobre si mesmo e integrar as diferenças que possam estar em conflito. Permite então ampliar a capacidade criativa para ver ambos os polos e com essa integração o sujeito passa a experimentar o próprio ser, sua essência e conhece o seu centro.

Portanto, sentir-se bem é ser um consigo mesmo. E sentir-se mal significa a alienação ou distanciamento de si mesmo.

Grande parte do trabalho terapêutico de Fritz Perls era integrar as polaridades...

No processo de consciência, o sujeito, ao perceber a sensação diante de um fenômeno, elabora um processo mental de análise e observa a realidade em duas partes, o que passa a ser um conflito, pois o obriga a decidir por um lado que considera bom em detrimento do outro, rejeitando o oposto. Com isso, rejeita o todo e a unidade do ser, polarizando e desintegrando-se.

A integração em uma única unidade, em sua essência, ocorre com a compreensão e união dos opostos, fazendo com que seja possível que as duas partes se relacionem entre si em um processo de integração.

## Indiferença Creativa

Para realizar a integração, Perls utiliza-se da chamada indiferença creativa de Sigmund Friedlander, ou seja, cada evento surge a partir de um "ponto zero" e a partir daí surge a diferença desses opostos. A atenção nesse centro, nesse ponto zero, permite adquirir uma capacidade creativa para ver os dois polos e completar o que falta. Quando o sujeito possui esta visão mais ampla da unidade, desenvolve uma compreensão profunda da estrutura e do funcionamento do organismo. Convém lembrar que quanto mais nos esforçamos para nos identificar com um dos lados, mais colocamos energia no outro lado.

Ao evitar uma visão unilateral, conseguimos uma compreensão muito mais profunda da estrutura e da função do organismo. Em termos de polaridades, os sentimentos negativos geralmente coincidem com o oposto que não consegue emergir como uma figura e desequilibra a percepção de sua outra polaridade que aceita. Quanto mais tentamos nos identificar com um dos lados, mais observamos e colocamos energia no outro.

Quando, diante de um evento, rejeitamos uma das partes, as respostas são cada vez mais rígidas e menos criativas, criando situações mal resolvidas, inconclusivas, empobrecendo a sua capacidade de perceber, pois seu olhar é de apenas um lugar e elege aquele polo que julga incompativel, este que deve ser vencido pelo outro, gerando conflitos internos e externos.

Já no ponto zero tem início a diferenciação dos opostos, mas justo aí pode ser descoberta a sua simetria invisível, o seu ponto de união, o lugar onde ambos estão neutralizados, o ponto do meio. Nessa diferenciação ou polarização, os opostos estão claramente definidos e a consciência disso permite um diálogo entre ambos, onde são reconhecidos e ouvidos, estabeledendo assim um acordo, podendo então buscar uma solução que compreenda esses dois polos para formar uma nova figura, uma nova criação, pois essas qualidades não são vistas como contradições irreconciliáveis, mas sim qualidades que serão integradas.

A Gestalt-terapia busca, então, com o trabalho envolvendo as polaridades, facilitar, ampliar ou permitir a capacidade criativa de olhar para as duas partes e completar-se com o que falta. Ao evitar uma visão partilhada, permite uma compreensão profunda da função do organismo. O sujeito que não olha para sua maldade, tampouco será verdadeiramente bondoso. Ele deve aprender a olhar para essa parte que desaprova, permitindo-se expô-la e entrando em contato com essa parte que não reconhece. Pois quanto mais compreensão possui de seu processo e de seu segredo, pode melhor se relacionar consigo e com o outro.

Existindo o conflito nas polaridades, é necessário diferenciar e se expressar, clareando os polos, permitindo, assim, que o conflito seja mostrado à consciência e seja expressado, tomando consciência do que contribui ou limita cada parte, compreendendo esse embate interno e construindo um diálogo e um acordo entre elas. Ora, integrando essas partes contrárias, o sujeito está completo novamente.

O crescimento ocorre quando se ampliam as possibilidades de contato entre as polaridades, primeiro vivendo plenamente cada uma delas e, segundo, facilitando o contato com o seu oposto.

Trago aqui a figura do **Wu wei** (não ação), que é um princípio do taoísmo que consiste em evitar qualquer ação desnecessária. Não tentar forçar as coisas para serem como queremos. Uma conduta serena e sem esforço e sem tensão, sem interferir no curso natural dos eventos (WU, 2010, p. 26).

Fonte: https://www.tai-chi-lyon.fr/tai-chi-chuan/?cn-reloaded=1

O *tai chi tu* é o diagrama que representa a geração do *tei-gi* a partir do vazio.

> *Toda a filosofia do nada é muito fascinante. Na nossa cultura, o "nada" tem um significado diferente do que tem nas religiões orientais. Quando dizemos "nada", existe um buraco, um vazio, algo como a morte. Quando o oriental diz "nada" ele quer dizer nada há, não há coisas. É apenas um processo, um acontecer. O nada não existe para nós no sentido mais estrito, porque se baseia na percepção do nada, e se há percepção do nada, existe alguma coisa. E quando aceitamos e entramos neste nada, no vazio descobrimos que o deserto começa a florescer. O vazio estéril torna-se o vazio fértil. O vazio ganha vida, se enche.* (PERLS, 1977, p. 86).

# POLARIDADES – ILUSTRAÇÕES

Para facilitar a minha própria compreensão do tema, o que também desejo para quem lê, busco olhar e exemplificar com várias polaridades que, a cada contato, trazem informações fundamentais para clarear a minha consciência sobre esse assunto. Olho também para as trindades. Quando olho para a dualidade e para as trindades, reconheço a Unidade (*Bhávana*).

## Shiva e Shakti

A metade esquerda é feminina com grandes seios e a metade direita é masculina. Uma imperfeita imagem da união das polaridades dentro da mesma realidade: *Shiva* a consciência e *Shakti* o poder.

*Ardhanãrishvara (O senhor meio mulher),*
*em Sampurnanand Sanskrit University*, Varanasi (Índia)

Essa imagem representa uma entidade transgênera, que descreve que o princípio feminino da deusa *Shakti* é inseparável do princípio masculino do deus *Shiva*. Essa união é a Divina Unidade, a Verdade Suprema.

Na mitologia da Índia, o deus *Shiva* e a deusa *Shakti* representam, respectivamente, a energia masculina e a feminina que se unem em um estado constante de "paixão divina", o que representa a renovação eterna das forças ou energias universais. Representam as polaridades universais dentro de cada um de nós.

*Shiva* simboliza a força sem limites da consciência pura.

*Shakti* representa a energia primordial da criação.

Quando se entrelaçam, criam-se todos os níveis de manifestação e realização do estado de bem-estar e harmonia. Quando essas polaridades estão integradas, o equilíbrio acontece.

Segundo o *Tantra*, tudo o que se manifesta no universo como matéria, vida e consciência provêm do Poder Divino (*Shakti*), do poder feminino, da grande deusa (*Maha Devi*), da Mãe de todos os seres. Tudo o que existe brota dos seus órgãos genitais (*Yoni*).

Aquele que possui o poder é *Shiva*. Não existe *Shiva* sem *Shakti*, nem *Shakti* sem *Shiva*. *Shiva* sozinho é semelhante a um cadáver (*shava*), pois ele próprio não tem poder.

Apenas quando está unido à sua *Shakti, Shiva* torna-se o Deus (*Deva*) poderoso. *Shiva* é, essencialmente, a consciência inativa, é aquele que testemunha a ação da *Shakti*.

> O Tantra é uma trilha de autenticidade, integridade e transparência além de toda a limitação mental ou bloqueio emocional. É um meio para percebermos nossa liberdade e esplendor inatos como Shiva-Shakti. (FEUERSTEIN, 2001, p. 96).

O *Tantra* pode ser visto como a Grande Teia, em que todas as coisas estão unidas entre si por fios invisíveis que formam essa sagrada união dos opostos.

*Yab-Yum* tibetano

*Choijin-Lama*, Museu do Templo, Ulan Bator, (Mongólia)

*Shakti* senta-se no colo de *Shiva* em um abraço íntimo, enroscando-se em volta dele em uma posição chamada em tibetano *yab-yum* (papai e mamãe), representa o amor sexual como experiência de unidade.

Outra representação do intercurso divino entre *Shiva* e *Shakti* é o símbolo que representa *yoni-lingam*. A vulva (*yoni*) representa a *Shakti*, a energia, a imanência. *Shiva* é representado pelo falo (*lingam*), a consciência, transcendência.

Fonte: https://www.colombotelegraph.com/index.php/the-significance-of-shiva-lingam-and-its-influence-in-sri-lanka/

Ainda no *Tantra Yoga*, um símbolo *(yantra)* representa a relação *Shiva – Shakti*.

Os cinco triângulos que apontam para cima representam *Shiva* e os quatro voltados para baixo, *Shakti*. Desse encontro, surgem 49 triângulos que simbolizam a existência cósmica como um todo.

*Shakti* faz o papel ativo, expressa a potência sem limites da força e energia, e *Shiva*, embora excitado, permanece passivo e frio, manifestando a quietude absoluta da consciência. Juntos, representam o jogo da vida e da morte, criação e aniquilação, vacuidade e forma, dinamismo e êxtase.

Os praticantes do *Tantra* precisam aprender a dominar as polaridades pela elevação de suas consciências para o plano transcendental da existência, que é chamada de *nirdvandva,* ou libertação além dos opostos.

Fonte: https://anagoncalvesdias.com/2014/06/20/yantras/

## Sol e Lua

### Sol

O Sol, desde os antigos tempos, é considerado um deus. Em nosso sistema solar, o Sol é fonte primordial de luz, calor e vida. Essencial para renovação da natureza. Representa o conhecimento e a inteligência cósmica.

Na Astrologia, é o princípio ativo, masculino e está associado ao nível da consciência da psique, ao progresso humano e ao espírito, ao calor divino. E representa o sentido moral, ético, religioso e o controle, a dominação e o poder.

Nas mitologias antigas dos povos, o sol era representado por vários deuses – *Rá* no Egito, *Indra* na Índia, *Shamash* na Babilônia, Apolo na Grécia – que representavam o poder, a força, a vitalidade e a autoridade.

## Lua

A Lua, não tem luz própria, recebe e reflete a luz solar. Simboliza os ritmos biológicos. Ela cresce, decresce e desaparece. Esse movimento representa os ritmos da vida e que a morte não é definitiva. Está ligada ao movimento das águas, das marés, do líquido amniótico, das chuvas, associada à fecundidade feminina, ao princípio materno, dos animais, da vegetação e do destino humano. Representa ainda o romantismo dos enamorados e dos poetas. No mês lunar, durante três noites ela desaparece, simbolicamente morre e depois reaparece, crescendo brilhando, simbolizando a inconstância e a mutabilidade, e ainda, as emoções, a intuição, os humores.

Nas antigas civilizações matriarcais, o culto à lua era de maior importância. No Egito antigo, deuses como *Thot* e Isis eram associados à lua. As deusas da Grécia possuíam um aspecto lunar, sendo algumas delas: *Selene* (a jovem mãe, fase da lua cheia), *Hécate* (a anciã, fase da lua minguante) e *Artêmis* (jovem sem filhos, fase da lua crescente). *Réia, Gaia, Hera, Deméter* e *Perséfone* também eram associadas aos aspectos lunares. A deusa *Ishtar* na Babilônia, *Cibele* na Frígia, *Parvati* na Índia. Para o cristianismo, seria a Virgem Maria que, devido ao patriarcado, não retrata o aspecto destrutivo da mãe terrível, que está presente em outras culturas, como *Kali*, na Índia, que manifesta esse aspecto, e também *Hécate, Perséfone* e *Lilith* na antiga Mesopotâmia.

Nas tradições orientais e na Índia, o Sol (*surya*) representa o ouro e o princípio masculino, simbolizando o espírito, e a lua (*chandra*) representa a prata ou o princípio feminino, simbolizando a alma.

O espírito representa a ascensão humana e nos distância das coisas materiais e alheias ao viver neste mundo. A alma, por sua vez, encaminha--nos para o profundo e nos mantém ligados ao mundo material, unidos às pessoas e aos lugares.

O equilíbrio entre esses polos é visto como um casamento místico entre o Sol e a Lua.

Na filosofia do Yoga, fala-se de dois canais de energia (*nadis*) que sobem ao longo da coluna vertebral e são considerados como aspectos feminino (lunar) e masculino (solar). À medida que o sujeito (*yogui ou yoguini*) medita (*dhyana*) e aprofunda-se no exercício da respiração (*pranayama*), ativa sua energia vital que começa a subir por esses canais energizando os sete principais centros de energia (*chakras*). Ao atingir o centro, situado entre as sobrancelhas, na testa, o chamado terceiro olho (*ajna chakra*), esses dois canais se encontram e fundem-se em um só. Quando isso acontece, considera-se que o sujeito foge da dualidade tornando-se uno. Esse movimento é retratado como o casamento ou a união mística que leva à iluminação do ser.

Sol e Lua são considerados, simbolicamente, duas polaridades que representam a personalidade e a individualidade, sendo fundamental que o sujeito busque harmonizar e equilibrar esses dois opostos.

**Persona e Sombra**

Sombra é um conceito que vem da psicologia analítica.

A persona representa o que somos, o que conhecemos em nós e o que mostramos ao mundo. A representação do polo sombra significa tudo aquilo que desconhecemos em nós, o que não gostaríamos de ser, o que rejeitamos em nós e o que escondemos dos outros.

Nos identificamos com aquilo que o meio aprova e reprimimos o oposto, que, para o sujeito, passa ser a sombra, que se caracteriza por ser socialmente desadaptada socialmente, desajeitada, inferior e às vezes maléfica. Portanto quando o sujeito despreza o seu lado sombrio, ignorando-o ou opondo-se a ele, traz a si mesmo: desequilíbrio, desajustes e enfermidades.

Encontramos, na sombra, os aspectos mais repugnantes de nosso ser, que, por não serem aceitos, são relegados ao inconsciente. Quanto mais unilaterais formos em olhar apenas para as qualidades que julgamos ter, mais autônomos ficam os conteúdos sombrios que possuímos, surgindo do inconsciente de onde foram relegados. Para Carl Gustav Jung, a sombra "é a parte negativa da personalidade, isto é, a soma das propriedades ocultas e desfavoráveis, das funções mal desenvolvidas e dos conteúdos do inconsciente pessoal" (JUNG, 1980, p. 58).

A sombra faz parte de nós mesmos e está presente em um polo que precisa ser confrontado, visitado e reconhecido. E, feito isso, realizar essa integração ao sujeito, à luz e à sombra.

Possuímos qualidades que consideramos inferiores e as empurramos para o inconsciente, escondendo-as de nós mesmos e dos outros, pois elas envergonham o ego. Essas qualidades, a sombra, o que está escondido, nos assusta, pois mostra quem de fato somos. Por isso as mantemos ocultas, negando-as ou projetando essas qualidades, esses comportamentos, nos outros.

Para Carl Gustav Jung,

> a sombra, [...], é uma parte viva da personalidade e por isso quer comparecer de alguma forma. Não é possível anulá-la argumentando, ou torná-la inofensiva através da racionalização. Este problema é extremamente difícil, pois não desafia apenas o homem total, mas também o adverte acerca do seu desamparo e impotência (2016, p. 31).

Quando optamos por conhecer e confrontar esse lado sombrio, o que não é uma tarefa fácil, o sujeito deixa de ser manobrado por essas qualidades "negativas" e obtém mais liberdade de agir, pois com esse autoconhecimento mais amplo o sujeito responsabiliza-se pelo que pensa, sente e age.

Mesmo sendo um empreendimento que exige coragem, devemos tornar a sombra consciente. Negligenciar, recalcar ou identificar-se com ela pode levar a dissociações perigosas. Como ela é próxima do mundo dos instintos, é indispensável levá-la continuamente em consideração.

> Uma pessoa não se torna iluminada ao imaginar formas luminosas, mas sim ao tornar consciente a escuridão. (JUNG *apud* ZWEIG, 2008, p. 28).

> Podemos pensar na Sombra como em todos os potenciais do nosso ego, com os quais perdemos contato, esquecemos, renegamos. Assim sendo, a Sombra pode conter não somente nossos aspectos "maus", agressivos, perversos, iníquos e demoníacos, a que tentamos renunciar, mas também alguns aspectos "bons", energéticos, divinos, angélicos e nobres, que nos esquecemos que nos pertencem. (WILBER, 2007, p. 162).

*Persona*, palavra oriunda do latim, representa uma espécie de máscara usado no antigo teatro grego. Esse termo é utilizado para demonstrar como a pessoa adapta-se ao mundo, ou seja, a sua maneira de ser socialmente, portanto necessária para facilitar a adaptação à vida e à sociedade.

## Pai e Mãe

Herdamos de nossos pais toda memória inscrita no DNA.

Mas também herdamos toda a história de seus sistemas familiares e dos seus antepassados.

Nas Constelações Familiares Sistêmicas, Bert Hellinger (2010), consolida o conceito de que todo o sucesso para os filhos depende do grau de conexão com a mãe, sendo este um passo fundamental. E os filhos que estão conectados com o pai, conseguem sustentar o sucesso que vão alcançando.

Uma conexão integral com a mãe ocorre quando a pessoa se sente plena, exige pouco, doa muito. Alegra com o que recebe e assim serve aos outros, sendo fonte de inspiração. A mãe é modelo em servir, pois ela serve à família com cuidado e ternura, assim compreendemos o movimento de servir, pois todo trabalho é um serviço prestado aos outros.

Já a conexão com o pai surge quando vemos a sua coragem de ir para o mundo, de enfrentar a vida e nos levar para mais longe. É o pai que consegue ampliar a zona de segurança, disciplina e conforto colocada pela mãe ao redor da criança, pois ele, a encoraja a ir além. Dessa conexão, os filhos conseguem sustentar o sucesso e expandi-lo. O pai mostra o mundo, apresenta oportunidades, complementa a coragem e nos faz seguir em frente. É o símbolo da autoridade. Em tudo o que faz há uma disposição para cuidar, prover e ajudar a crescer.

Em relação aos filhos, o homem e a mulher são igualmente grandes. Porém, é dentro da mãe que começa a vida. Dentro dela os filhos são concebidos, dentro dela crescem. Ela é tudo para os filhos, com ela experimentam a unidade, até que nascem.

## O pai

> Somente na mão do pai a criança ganha um caminho para o mundo. As mães não podem fazê-lo. O amor dele não é cuidadoso nesta forma como é o amor da mãe. O Pai representa o espírito. Por isso o olhar do pai vai para a amplitude. Enquanto a mãe se move dentro de uma área limitada, o pai nos leva para além desses limites para uma amplitude diferente. (HELLINGER, 2013, s/p)

O progresso vem principalmente do pai. Quando a mãe quer manter os filhos longe do pai, ela os mantém longe do progresso. O movimento vai da mãe para o pai e do pai para o mundo. Assim o filho fica completo.

A necessidade de ter um olhar ou tomar o sistema familiar da mãe e do pai traz uma integração e, porque não dizer, paz para o filho.

## Pensar e Sentir

> *Sentir é criar.*
> *Sentir é pensar sem ideias, e por isso sentir é compreender,*
> *visto que o Universo não tem ideias.*
> (Fernando Pessoa)

Pensar vem da inteligência racional.

Sentir vem da inteligência emocional.

Sentir com inteligência e pensar com emoção.

Logo, é importante integrar esses opostos, pois são fundamentais para saúde do sujeito.

## Sagrado e profano

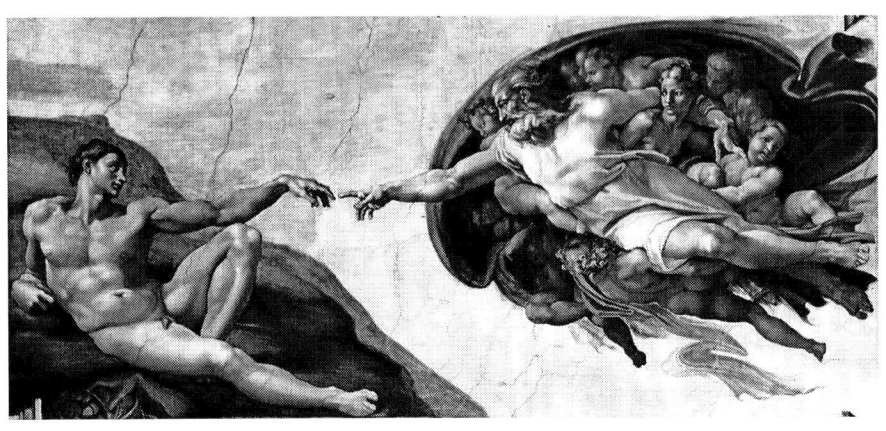

A criação de Adão. Michelangelo – Capela Sistina (Roma, Itália)

**Sagrado:** é relativo ao domínio religioso. Consagrado a Deus. É o respeito, a veneração absoluta e não pode ser violado. O contato com o sagrado sempre está associado a uma experiência "religiosa". É especial, portanto quando o sagrado toca o profano, este se sacraliza.

**Profano:** do latim (*pro*), que significa "diante de", e (*fanum*), que significa "espaço sagrado". Estranho às coisas da religião ou a uma pessoa não iniciada nos conhecimentos da arte, ciência, religião ou agremiação. Profano é o mundo normal e banal em que vivemos, um mundo que não foi consagrado, sendo inferior ao Sagrado.

Para Mircea Eliade, "O que se pode definir do Sagrado é que ele se opõe ao profano" (1992, p. 13). O profano é o comum, o corriqueiro, aquilo que carece de significado especial em nossa vida. O sagrado é o incomum, o especial, o que apresenta um significado particular em nossa vida, de modo absoluto e definitivo.

> O erótico vivido como profano e a arte vivida como sagrada se fundem numa experiência única. Trata-se de misturar arte com vida. (CLARK, 1983, p. 33).

Amor sagrado, amor profano. Julio Romero de Torres, 1908.
A obra encontra-se no Museu Carmen Thyssen Málaga (Espanha)

## Flexibilidade e rigidez

Desde a infância, vamos colecionando comportamentos, padrões, hábitos que nos sensibiliza a formação e provem da nossa herança familiar, religiosa, cultural. Muitas vezes, o sujeito adota determinadas condutas que o levam por muitos anos e, quiçá, para toda a vida, o que o impede de visualisar e experimentar outras modalidades diferentes das que carrega.

Às vezes o sujeito já condicionado não se dá conta de que vive essa repetição e que está preso a essas condutas. Às vezes, entretanto, percebe, mas, por comodidade, prefere não atacar essa questão. Isso leva o sujeito a experimentar uma rigidez em seus pensamentos, emoções e até em seu corpo. Como se o medo de mudar e de experimentar o paralisasse.

Adquirir consciência e efetuar as mudanças que podem permitir enxergar outras possibilidades e tomar outras decisões exige um grandioso esforço.

Já outros sujeitos que conseguem dar conta disso e, em um esforço sobre-humano, começam a se observar e a realizar algumas mudanças internas se mostram disponíveis para essa transformação, tornando-se mais maleáveis em seu viver.

Esse olhar para novas experiências que coloca o sujeito em movimento, o permite experimentar novas percepções, novos contatos, novos horizontes e novas possibilidades, ampliando a capacidade de compreensão de si mesmo e do mundo que o cerca.

Se conseguirmos olhar para esses polos, rigidez e flexibilidade e agir de forma consciente, o ganho será imenso, pois o sujeito consegue dar outro sentido à sua vida e, mesmo com o peso dos anos, o viver fica mais leve, mais alegre, mais completo.

## Feminino e Masculino

A energia feminina e masculina permeia ou está contida em tudo e em todos.

> Todos os seres transportam em si o calmo Yin e abraçam o agitado Yang. A união dos seus sopros constitui a harmonia. (TSÉ, 2001, verso 42)

Fonte: http://coletivodeestudosorientais.blogspot.com/2010/02/bipolaridade-comple-mentar-do-cosmos-que.html

O *Tei-Gi*, símbolo do equilíbrio no Taoísmo chinês, representa o conjunto interdependente das duas polaridades energéticas inversas e equivalentes, *Yin* e *Yang*. Cada uma contém a outra, giram em torno de si e se integram no *Tao* (o Caminho).

Em um círculo dividido ao meio por uma linha em "S", uma metade é negra (*Yin*) e a outra metade é branca (*Yang*). Representa o macro e o microcosmos e as duas energias que atuam no mundo, o feminino (*Yin*) e o masculino (*Yang*), o bem e o mal, o escuro e o claro, a noite e o dia, a ordem e o caos. Funciona como se um polo estivesse contido no outro, em movimento eterno, já que essas forças polares são parte da mesma perspectiva divina. E ainda, cada uma das metades possui um pequeno círculo da cor oposta, que representa a presença de cada um no outro. Quando *Yin* e *Yang* estão equilibrados, geram a harmonia, a saúde. Mas quando surge o desequilibro, aparece a doença e a desarmonia.

É crença dos chineses que todas as pessoas, homens ou mulheres, passam por fases *Yin* e *Yang*, em um fenômeno dinâmico na interação do masculino e feminino. O que se contrapõe em nossa cultura patriarcal.

Quando o fluxo dessas polaridades ocorre em harmonia e equilíbrio, tudo flui naturalmente. É importante para esse equilíbrio a compreensão de que no feminino (*Yin*) está contido uma porção do masculino (*Yang*), e neste está contido um tanto de energia feminina. Reconhecendo isso, ocorre a integração das polaridades, harmonizando o sistema.

Quadro 1 – Qualidades das energias *Yin* – *Yang*

| *Yin* | *Yang* |
|---|---|
| Feminino | Masculino |
| Abrangência | Restrição |
| Água | Fogo |
| Atração | Repulsão |
| Crônico | Agudo |
| Cuidador | Aventureiro |
| Emocional | Racional |
| Energia sobe da terra | Energia desce do céu |
| Espaço | Tempo |
| Expressivo | Contido |
| Fala | Ouve |
| Fêmea | Macho |
| Frio | Quente |
| Indireto | Direto |
| Intuitivo | Decisivo |
| Lua | Sol |
| Oeste e Norte | Leste e Sul |
| Ordem | Caos |
| Paixão | Força |
| Passivo | Ativo |
| Receptivo | Assertivo |
| Síntese | Análise |
| Subjetivo | Objetivo |
| Submisso | Dominante |
| Úmido | Seco |
| Vida | Morte |

## Inspirar e Expirar

A respiração é o ato de inalar oxigênio e exalar ar através da boca, das cavidades nasais ou pela pele, para processar as trocas gasosas ao nível dos pulmões.

### Inspiração

É entrada de ar nos pulmões, dá-se pela contração da musculatura do diafragma e dos músculos intercostais. O diafragma abaixa e as costelas se elevam. Com isso, ocorre um aumento do volume da caixa torácica, fazendo com que o ar entre nos pulmões.

### Expiração

Após a inspiração, ocorre a saída de ar dos pulmões, a expiração, processo no qual acontece o relaxamento da musculatura do diafragma e dos músculos intercostais, eleva-se o diafragma e as costelas abaixam, diminuindo, assim, o volume da caixa torácica, expulsando o ar dos pulmões. Nem todo ar é expulso dos pulmões, ficando um pequeno volume que permanece dentro dos alvéolos, evitando que haja um colapso nas finas paredes destes.

Movimentos de inspiração e expiração

Fonte: ilustrado por *OpenStax College*. Disponível em: https://commons.wikimedia.org/ wiki/File:2316_Inspiration_and_Expiration.jpg

## Pranayama

Pranayama consiste em controlar o processo de inspirar (shvasa) e expirar (prashvasa).

A palavra *pranayama* deriva de dois termos sânscritos: *prana*, que significa alento, força vital, respiração, energia e vitalidade, e *ayama*, expressão que significa extensão, intensidade, propagação, dimensão. *Pranayama*, então, é o processo por meio do qual se expande e se intensifica o fluxo da energia no interior do corpo.

Respirar é viver, respirar bem implica viver melhor, respirar com plenitude significa existir plenamente.

# Kairós e Cronos

Kairós

Trabalho romano por Lysippos ca. 350-330 AC.
Museu de Antiguidades, Turin, (Italia)

*Kairós*: palavra de origem grega, significa "momento certo" ou "oportuno". Um período específico para a realização de uma atividade no momento presente ideal. É o tempo da oportunidade, tempo cíclico e orgânico, relacionado ao movimento da natureza, como, por exemplo, às estações, que se renovam.

Na mitologia grega, *Kairós* é filho de Zeus, o deus dos deuses, e *Tykhé*, a deusa da fortuna e prosperidade, expressando uma ideia considerada metafórica do tempo, ou seja, não-linear e que não se pode determinar ou medir, uma oportunidade ou mesmo a ocasião certa para determinada coisa. O período ideal para a realização de algo. Possui um significado de sentido religioso, usado no sentido de "tempo espiritual" ou o "tempo de Deus", que não pode ser medido.

*Kronos:* o conceito de cronos relaciona-se com o "o tempo dos humanos", tempo cronológico e físico, medido pelo relógio, pelo calendário, pela rotina. Ou seja, é determinado e quantificado dentro de um limite. É o tempo terrestre – os anos, meses, dias, horas, minutos, segundos. É o tempo da razão, linear, e possui início, meio e fim.

Kronos devora um de seus filhos

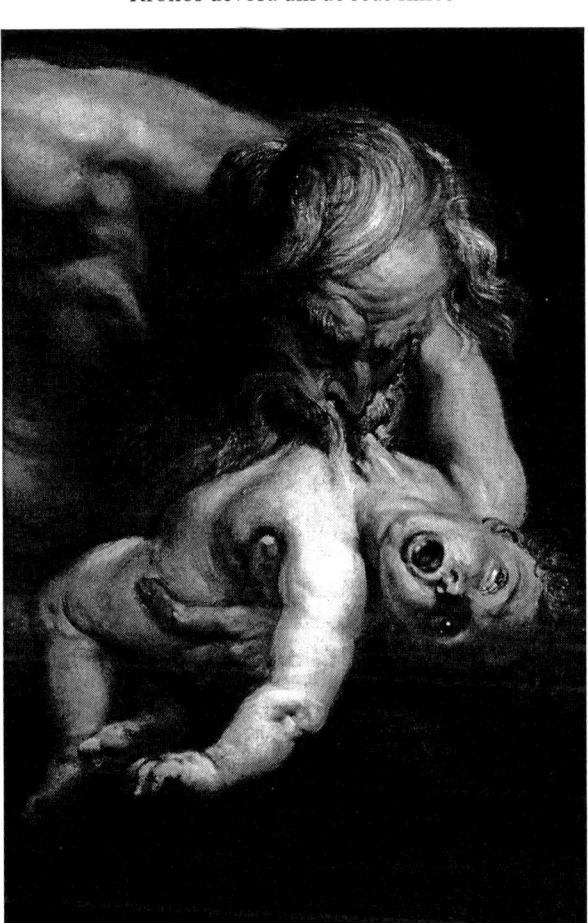

Rubens, 1636

No mundo moderno em que vivemos, diante de inúmeras atividades, tarefas, trabalho e em uma dimensão crescente e nunca vivida antes na humanidade, pode-se dizer que o Cronos é o tempo que devora nossa vida em razão das exigências crescentes de metas e prazos a cumprir.

Na mitologia grega, o deus *Kronos*, filho de Urano, o céu, e de Gaia, a terra, era o senhor do universo. Tendo medo de que seus filhos pudessem destroná-lo, ele os devorava – o único filho que escapou foi Zeus, pois sua mãe o salvou, colocando uma pedra em seu lugar. Simbolicamente, como *Kronos* devora os filhos, também *Kronos*, o tempo, devora o sujeito na atualidade.

Portanto Cronos é aquele que devora tudo. O tempo que passa e não volta. É o tempo que falta para a morte. Ou seja... todos serão devorados.

## O Caminho do Meio

No Budismo, *Mahayana* (Grande Veículo), o Caminho do Meio, refere-se ao conhecimento sobre o vazio (*Sunyata*), ou a vacuidade universal que transcende a visão dos opostos nessa existência. A compreensão da vacuidade destrói as falsas certezas, as aparências, e contribui para a plenitude do sujeito. Este princípio de que a forma é vazia (*sunya*) indica que as formas são inseparáveis do seu contexto, que a forma de uma figura é também a de seu fundo. Acredita que não existem formas por si mesmas, pois quanto mais se concentra em uma coisa individual, mais se complica com o universo inteiro.

No momento em que Siddhartha avistou, em um pequeno barco, um músico que afinava seu instrumento de cordas e, ao esticá-las, uma das cordas estourou, Siddhartha se deu conta de que tudo na vida deve ter um equilíbrio, assim como as cordas do instrumento que podem desafinar se ficarem frouxas ou estourar se forem apertadas ao extremo. O equilíbrio está no centro, "no caminho do meio".

O conceito do Caminho do Meio implica em uma abordagem equilibrada da vida e em um controle dos impulsos e do comportamento. Esse conceito provém de um princípio fundamental para a filosofia budista, conhecido como "unificação das três verdades", exposto por *Tient'ai* com base no Sutra de Lótus. As três verdades são: a verdade da não-substancialidade (*ku*), a verdade da existência temporária (*ke*) e a verdade do Caminho do Meio (*tyu*). Embora a vida seja vista com base nesses três aspectos, estes não podem ser separados. Um contém o outro e são fases inseparáveis de todos os fenômenos. Por essa razão, são chamados também de verdade tríplice.

Embora a palavra "meio" denote moderação, o termo não deve ser interpretado como uma atitude passiva, comodista e relapsa. Tampouco significa que as pessoas devam seguir um curso médio entre dois pontos extremos, mas sim, unificar e transcender a dualidade.

Em um sentido mais amplo, Caminho do Meio refere-se à visão correta da vida ensinada por Buda e às ações ou às atitudes que geram felicidade para si e para os outros, indicando uma transcendência e uma conciliação dos extremos de visões opostas.

**Trigunas – Rajas, Tamas, Sattva**

*Gunas:* são as qualidades materiais da natureza *(Prakriti)*, as três forças básicas da vida.

*Tamas:* é o princípio da solidez, da imobilidade, da resistência, da inatividade, da indolência e da inércia. É a tristeza, a letargia, o torpor, o medo *(Shiva)*.

*Rajas:* refere-se à ação, à atividade, ao movimento, à turbulência, à paixão *(Vishnu)*.

*Sattva:* representa a força criativa, a essência da forma que precisa se concretizar, a pureza e a tranquilidade, a harmonia, a serenidade, a calma. É a internalização da mente, o movimento da consciência interior *(Brahma)*.

As harmonias entre esses três aspectos da matéria provocam, segundo os Vedas indianos, o equilíbrio na natureza.

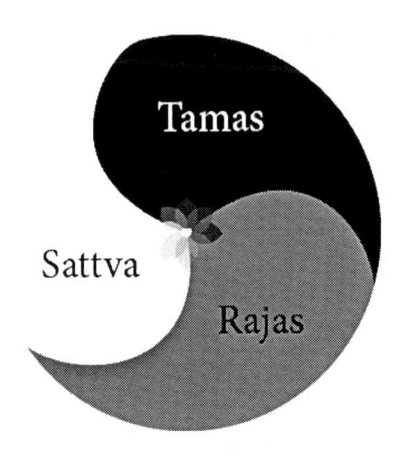

Fonte: https://www.conscienciaviva.com/wp-content/uploads/gunas_1280.png

## Top Dog e Under Dog

Simbolicamente, Perls nomeou de "Cão de cima" o superego e de "Cão de baixo" o infra ego, os aspectos contrários de uma pessoa. É uma ferramenta de suma importância na Gestalt-terapia, no trabalho com as polaridades.

O Cão de cima (*Top-dog*) representa o aspecto crítico, julgador, ditador, o que dá ordens, intransigente, o que nunca erra e tem pleno domínio sobre o outro. E o Cão de baixo (*Under-dog*) é o submisso, sempre vence a peleja por meio da sabotagem e da evasão.

Poderiam chamar-se "amo e escravo", "opressor e oprimido" ou "mandão e mandado" (NARANJO, 1990, p. 56).

**Hey Up, tô meio gestáltico hoje.
Some, vai!**

Arte do amigo Marco Lippi

## Vida e Morte

A vida e a morte constituem os polos extremos da existência vegetal ou animal.

Vida é o período de tempo que decorre entre o nascimento e a morte de um ser vivo. É o seu tempo de existência.

Morte é o fim da vida devido à impossibilidade orgânica de manter o processo homeostático.

"Morrer antes de morrer", este é um estranho ditado zen. Mas, havendo uma compreensão do real sentido dessa frase, o sujeito tem a capacidade de transformar a sua vida aumentada.

Nesse sentido, o que se quer demonstrar é que, se o sujeito efetuar transformações internas, na sua estrutura egóica e de personalidade, ele pode ampliar o conhecimento de si mesmo e obter uma compreensão maior de suas qualidades e polaridades, o que lhe dará inúmeras outras oportunidades de crescimento interno, de autoconhecimento e de relacionamento com o ambiente.

Para Martin Heidegger (1983), só o sujeito autêntico enfrenta a angústia e assume a construção da sua vida. O outro, inautêntico, foge da angústia, refugia-se na impessoalidade, nega a transcendência e repete os gestos de "todo o mundo" nos atos cotidianos. No mundo massificado do homem inautêntico, até a morte é banalizada, e dela se fala como se fosse um acontecimento genérico, longínquo e impalpável. A impessoalidade tranquiliza e aliena o homem, confortavelmente instalado num universo sem indagações. Há a recusa de refletir sobre a morte como um acontecimento que nos atinge pessoalmente. Se nego a morte ou me atemorizo diante dela, não vivo plenamente a vida. Se tenho uma compreensão de que a morte faz parte da vida, posso viver a vida de maneira mais plena, intensa e celebrá-la, ou seja, quando tenho um olhar sereno para a morte posso olhar com intensidade para a vida.

De maneira sutil, podemos dizer que a vida está na morte e a morte está na vida, ambas fazem parte de um único processo – que, para mim, é um processo de transformação sem fim, natural e necessário.

Para completar essa ilustração, utilizo o processo de nascimento de uma borboleta: os minúsculos ovos "morrem" para dar origem à vida da lagarta, que por sua vez "morre" para dar origem à borboleta.

Em um exemplo natural de transformação, em processos de viver e morrer e de transcendência, aquele que olha para uma borboleta voando entre as flores não consegue conceber que ela foi uma lagarta que vivia toda limitada, arrastando-se por aí.

*Quem ensinasse os homens a morrer, os ensinaria a viver.*
(Michel de Montaigne)

## A Lei do Três

A lei do três ou a lei da Criação (GURDJIEFF *apud* OUSPENSKY, 1995, p. 27) é o princípio trino, a trindade, e é uma das leis que rege o mundo.

Segundo essa lei, tudo é criado por três forças. Duas delas, causa e efeito, conhecidas, estão na dualidade, chocam-se e se opõem. A terceira força oculta é neutra. Representada por um triângulo, possui, em sua base, um polo; do outro lado, um polo oposto; e, acima dos dois, um outro polo neutro que reconcilia, eleva e ajuda a transcender o conflito entre os opostos.

Portanto seu enunciado diz que sempre há uma resultante do encontro entre os princípios ativo, passivo e neutralizante, ou o positivo, o negativo e o neutro.

É imprevisível, pois, considerar que uma causa **A** raramente conduz a uma resultante **B**, que leva ao resultado **C**.

No eneagrama, o diagrama de nove pontas é representado pelo triangulo interno e pode-se dizer que a "oitava cósmica" nos intervalos SI-DÓ ou MI-FÁ (os semitons do sistema tonal tradicional, no qual ocorrem "quebras" na regularidade dos sons) necessita de um "choque externo" para que o princípio desviante não venha a se verificar e os eventos produzam os resultados almejados.

Essa Lei diz que a geração de todos os fenômenos pode ser explicada pela interação de três forças: uma de maior intensidade (ativa) que atua sobre a de menor intensidade do conjunto (passiva) por meio da modulação e do controle de uma força neutralizadora. A força passiva não é estática, ao contrário, ela é atuante, mas possui uma intensidade menor que as outras duas.

Claudio Naranjo diz que:

> [...] existe no quarto caminho a ideia de que tudo está em polaridade mais-menos, entre a afirmação e a negação, porém é necessário cultivar, através do trabalho, uma terceira força que é um princípio reconciliador, que é precisamente, a neutralidade ou vacuidade. "Isto equivale a dizer que é o coração da pessoa que permite o jogo organísmico; pois no centro do ser reside esse ponto zero, esse tornar-se nada ou deixar-se no meio." (NARANJO, 2012, p. 184).

> [...] na linguagem de Gurdjieff: o segredo não está na força afirmativa, nem na força passiva ou negativa, mas no princípio de conciliação, este princípio neutralizante. O Que em termos práticos significa que a prática do simples estar, e permitir-se estar vazio, ajuda a função organísmica espontânea. (NARANJO, 2012, p. 421).

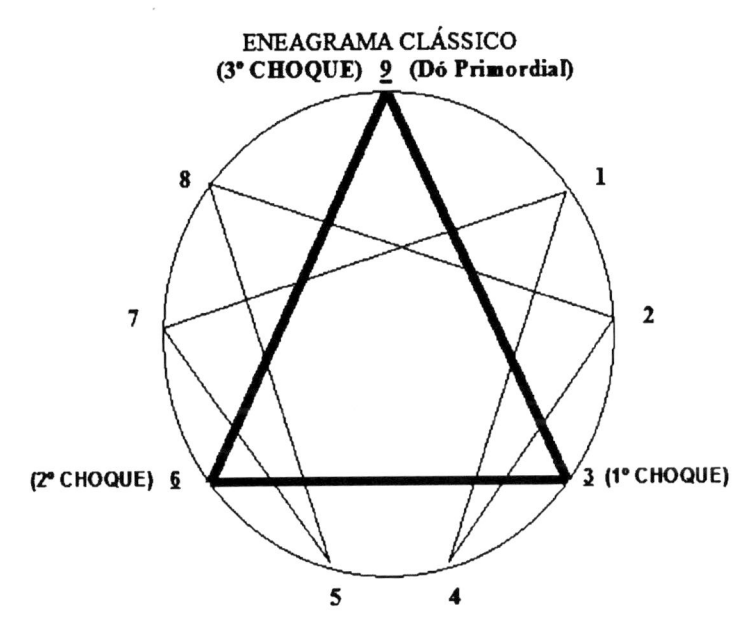

Fonte: http://www.imagomundi.com.br/quarto_caminho/eneagrama.pdf

## Trimurti – Brahma, Shiva, Vishnu

A palavra *trimúrti* vem do sânscrito e significa "três formas". É como se manifesta o "supremo deus", *Brahman*, de forma trina para atuar nos diferentes estados do universo: criação, manutenção e reintegração ou destruição, que são representados, respectivamente, pelos principais deuses do hinduísmo: *Brahma, Vishnu* e *Shiva*, as três forças essenciais do universo. Portanto tudo o que é criado, mantém-se e finda por destruir-se, ou seja, tudo tem início, meio e fim. Todas essas fases são necessárias e essenciais para o equilíbrio cósmico.

*Trimurti – Brahma, Vishnu, Shiva*

Fonte: https://aminoapps.com/c/hinduism/page/blog/the-trimurti/6P7e_r62fzuGQD-dW4KjLD78xeRzZDnW7bXa

As três divindades hindus:

Fonte: http://thefogada1982.myq-see.com/brahman-deus-cff#

*Brahma* é representado com quatro cabeças voltadas, cada uma, para uma direção e com quatro braços, nos quais apresenta uma flor de lótus (símbolo de pureza), os Vedas (Escrituras), um bule com *Amrita* (símbolo de potência vital) e faz um *mudrá* (símbolo do destemor).

Fonte: https://templodeanubis.wordpress.com/?s=vishnu

*Vishnu* é o responsável pela manutenção de tudo o que *Brahman* criou. É representado, também, com quatro braços sobre uma serpente. Em um dos braços segura uma concha (união dos sons da criação); em outro, um disco de energia (roda do tempo e o que é certo); em outro, uma flor de lótus (pureza e perseverança); e, em outro, um cajado (ataque aos desejos que são fonte de insegurança).

Fonte: https://www.hinduwebsite.com/hinduism/images/shiva-01.jpg

*Shiva* é o destruidor ou renovador. Usa o tridente, chamado *"trishula"* cujos dentes representam a inércia, o movimento e o equilíbrio, a serpente em volta do seu pescoço representa o domínio sobre a morte; o jorro d'água representado é a nascente do Ganges, rio sagrado na Índia.

## Anjo e Demônio

Existe uma metáfora de uma pretensa batalha pelo autocontrole do sujeito: de um lado, existe o demônio, encorajando o comportamento impulsivo, e do outro, pedindo o controle, um anjo. Essa luta representa o ganha-perde entre os impulsos emocionais e o sistema racional-lógico, expressando, portanto, uma polaridade entre dois sistemas que necessitam ser reconhecidos, compreendidos e integrados. Um impulsivo, rápido e o outro lento e deliberativo.

Fonte: http://www.romerorodrigues.com/investidor-anjo-ou-diabo/

## Augusto e Branco

A palavra clown provém do latim *"colonus"*, que significa homem rústico do campo. E vai para o inglês como: *clod* (estúpido, grosseiro) e *clown* (palhaço).

Aqui, visualizo duas polaridades, sendo a primeira delas entre dois palhaços *(clowns)* chamados Branco e Augusto.

O palhaço Branco, ou Cara branca, não é um imbecil, pelo contrário, é pragmático, excêntrico, solitário, falante, autoritário, frio, distinto, astuto, inteligente e de compreensão clara. O imprevisto para ele é o seu pesadelo.

Tudo o que faz é calculado, pensado, planejado. Não deixa nada ao acaso. Representa a lei, a ordem, o mundo adulto, a repressão.

O Palhaço Augusto é o patético. Possui a necessidade de ter um parceiro, que lhe traga energia. É sonhador, bobo, extravagante, absurdo, estranho, surpreendente, entusiasmado, provocador. Representa a liberdade e a anarquia, o mundo das crianças. Vestido de qualquer maneira, como se tivesse acabado de sair da rua.

Stan Lauren (o Magro) e Oliver Hardy (o Gordo), Branco e o Augusto

Fonte: https://shepherdexpress.com/film/the-loveable-creativity-of-laurel-and-hardy/

Rafael Padilla utilizou o nome artístico *Chocolat*, ou *Monsieur Chocolat*, palhaço que ficou famoso por atuar em um circo em Paris, sendo um dos primeiros artistas negros bem-sucedidos. Atuava com o seu parceiro, George Footit, e, juntos, revolucionaram o modelo de duplas, consolidando o formato do sofisticado palhaço branco em cena com o tolo palhaço Augusto.

A dupla *Footit* e *Chocolat*. Ilustração de René Vincent. 1900

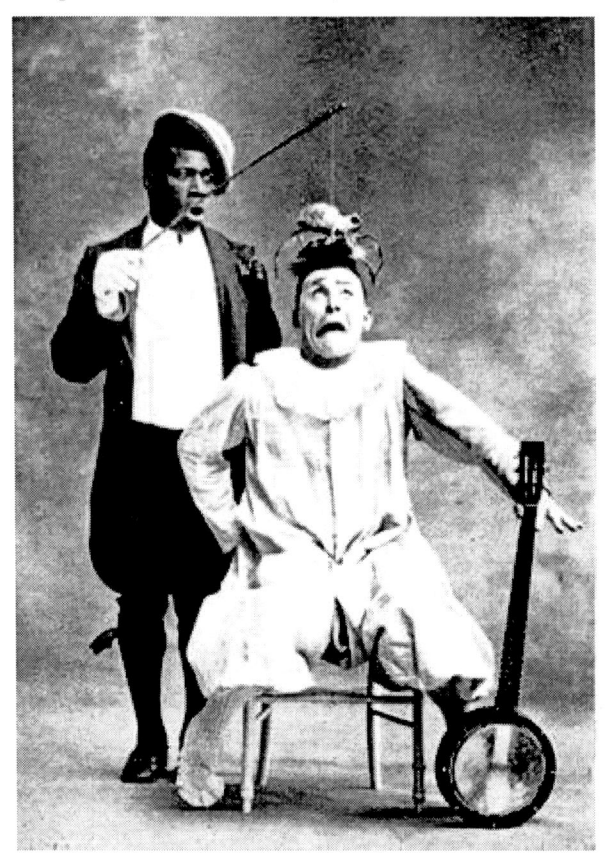

Fonte: http://www.circopedia.org/Foottit_et_Chocolat

O palhaço é uma representação, um símbolo social e a sua função é sincera e respeitosa, pois representa o fracasso, o patético, o tolo, o torpe, o inadequado, o ridículo que existe em nós e na sociedade.

Quando coloca a menor máscara do mundo, o nariz vermelho e se expõe, essa figura escolhe retirar todas as couraças, armaduras ou proteções, e permite que todos vejam o seu lado frágil e patético, ou seja, aquilo que chamamos de defeitos físicos e psicológicos, o seu ridículo, o fracasso. Quando, de maneira sincera, transparente e verdadeira, esse lado frágil é mostrado, o público se permite rir dele, pois ocorre a identificação da plateia com essa figura inadequada, uma vez que esta mostra as falhas humanas da sociedade.

Ele é construído em cima das falhas, dos vícios, dos defeitos humanos. Não é um personagem de teatro. Surge em cena quando brinca e quando alguém se identifique com a brincadeira.

## O *Clown* e o Bufão

Outra polaridade surge entre o *Clown* e o Bufão, pois o *Clown* é ingênuo, torpe, ridículo, genuíno, vulnerável, disponível, inocente e bem-intencionado. Quer se parecer com os demais.

O Bufão, por sua vez, é crítico, questionador, ácido, irônico, cruel e grotesco. Expressa-se contra as normas sociais, as leis, o governo e o poder. Com humor, trapaceia, aconselha, critica e escancara as misérias humanas e sociais para o público. Quer que os demais sintam o que ele sente.

Retrato atribuído a Maître, 1537, Museu de Flandres – França.

## *Clown* Terapêutico

A utilização das técnicas de Clown terapêutico com a Gestalt-terapia, permite a exploração e o reconhecimento da espontaneidade, da criatividade, da confiança interna diante do público. Possui enfoque corporal, da consciência do corpo, da rigidez, das armaduras. O dar-se conta está presente pela observação de si mesmo, no contato e na retirada, no desenvolvimento do ouvir, no exercício da confiança, do humor, da consciência de si mesmo e do conhecer as polaridades do ser e do não ser. É um processo de redescoberta constante.

> O trabalho de criação de um clown é extremamente doloroso, pois confronta o artista consigo mesmo, colocando à mostra os recantos escondidos de sua pessoa; vem daí seu caráter profundamente humano. (BURNIER, 2009, p. 209).

## Céu e Inferno

Havia um guerreiro samurai grande e forte que andava pelo mundo em busca de sabedoria. Em uma dessas andanças, encontrou um mosteiro no alto de uma montanha e foi recepcionado por um monge franzino, de pequena estatura, fraco, com trajes humildes e aparência bastante debilitada. O tal monge perguntou:

– O que o senhor busca?

– Gostaria muito que o senhor me explicasse sobre o céu e inferno – respondeu o tal samurai, com sincero desejo de aprender.

O monge, antes com o semblante tranquilo e o seu olhar de paz, de repente altera completamente sua fisionomia para um semblante de prepotência. Fixa os olhos no samurai e diz:

– Ensinar-te sobre o céu e o inferno? Não vou perder meu tempo com você, com alguém que está cheirando mal, que agride e mata pessoas. Você está com a espada enferrujada e representa uma vergonha para sua classe.

Nesse momento, o samurai fica enfurecido, puxa a espada com a intenção de acertar o monge abusado e petulante. E, quando o samurai está decidido a acertar a cabeça do sábio, o monge muda novamente seu semblante para um aspecto pacífico e diz calmamente:

– Está vendo? Isso é o inferno!

O samurai abaixa lentamente sua espada e o agradece pelo valioso ensinamento. O monge continua em silêncio. O guerreiro ficou impressionado que o monge arriscou a sua vida para falar do inferno. Quando o guerreiro samurai pede pacificamente o perdão pelo infeliz gesto, o monge diz: – Está vendo? Isso é o céu!

O poder da decisão está sempre em nossas mãos. Criar portais para o céu ou criar abismos para o inferno é algo que depende somente de você. Inspirada no livro *Conscious Business: How to Build Value Through Values*, de Fredy Kofman.

## Tese e antítese: a dialética

Tese é o questionamento ou a pergunta inicial. Surge outra gama de ideias que contrapõe a ideia inicial, esta é a outra polaridade, a antítese. Sendo que quando esses dois polos, tese e antítese, são bem definidos e explorados, chega-se à síntese, que permite transformar e integrar a tese e a antítese em algo mais completo, mais abrangente e mais enriquecido do que os originais, a isto chama-se síntese.

Dialética, palavra de origem grega (*dialektiké*), significa a arte do diálogo, o movimento de ideias, a arte de debater, de persuadir ou raciocinar. Separar fatos, dividir as ideias para poder observá-las e debatê-las com mais conhecimento. É uma maneira de se chegar à verdade, contrapondo e conciliando as ideias. Portanto, a dialética propõe um método de pensamento embasado em contradições entre a unidade e multiplicidade, o movimento e a imobilidade, o singular e o plural.

A realidade é essencialmente mudança, vir-a-ser, uma passagem de um elemento ao seu oposto, ou seja, o princípio da unidade dos opostos é responsável pelo movimento em que uma ideia sai de si própria (tese) para ser outra coisa (antítese) e depois essa ideia volta e se apresenta mais concreta (síntese) (HEGEL *apud* PADOVANI, 1972, p. 401).

## Eros e Thánatos

A Teoria das pulsões, determina que todos os instintos se colocam em uma das duas classes principais: nos instintos de vida ou nos instintos de morte.

A pulsão de vida é a tendência à "formação de unidades maiores, à aproximação e à unificação entre as partes dos seres vivos". A pulsão de morte é, por sua vez, a tendência à "separação, à destruição e, em última análise, à volta ao estado inorgânico" (FREUD *apud* GOLDGRUB, 2010, p. 29).

Amor e ódio, sexualidade e agressividade, vida e morte são forças que habitam o ser humano e estão presentes no cotidiano, na humanidade. Tais pares de opostos estão misturados, amalgamados em tudo que o ser humano faz, pensa e sente. Por exemplo, onde há amor deve haver ódio, toda sexualidade necessita de um grau de agressividade. Essas polaridades são os cernes dos conflitos psíquicos. Em psicanálise, elas podem ser nomeadas pelos conceitos de pulsão de vida *(Eros)* e pulsão de morte *(Tânatos)*. Tanto a pulsão de morte quanto a pulsão de vida, trabalham para suprir as necessidades e atuam em defesa do sujeito.

Instinto de morte: *Thánatos* ou *Tânatos* vem do grego e representa a morte na mitologia grega. E, para a psicanálise, representa a pulsão de morte, ou seja, um impulso instintivo e inconsciente que busca a morte, a destruição. Um comportamento autodestrutivo que, quando dirigida para fora do sujeito e para os outros, expressa-se como agressão e violência.

Thanatos, Éfeso (Grécia)

Fonte: https://educalingo.com/pt/dic-pt/tanatos

Instinto de vida: Eros, vem do grego e significa o deus do amor, sendo o Cupido, o correspondente para os romanos. Representa os instintos de vida, a sobrevivência, o prazer, a reprodução, a necessidade do contato sexual, toque como prazer, sexo-afetivo. A energia criada pelos instintos de vida é conhecida como libido. Comportamentos comumente associados ao instinto de vida incluem amor, cooperação e outras ações pró-sociais.

Cupido. Museus Capitolinos, Roma (Itália)

Fonte: http://capitolini.info/scu00410/

Abaixo esta a famosa fotografia criada, em 1951, por Philippe Halsman e Salvatore Dali. É um Retrato Vivo, composto por sete mulheres nuas que, unidas, formam um crânio humano.

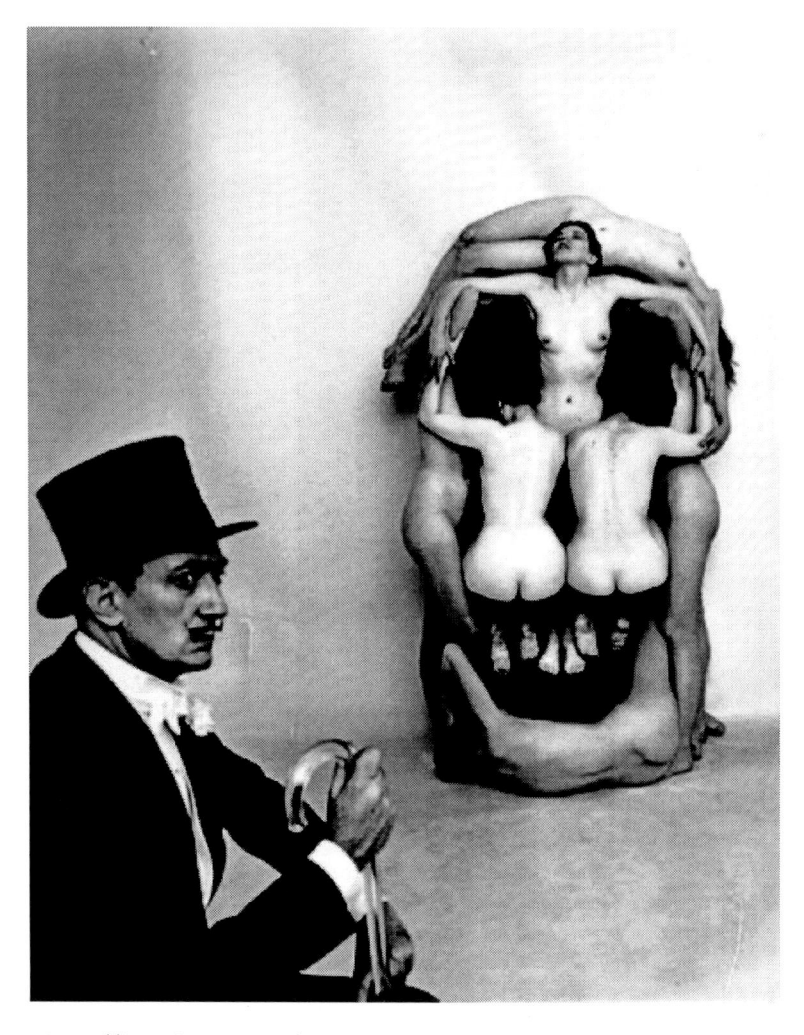

Fonte: https://focusfoto.com.br/salvador-dali-e-o-fotografo-philippe-halsman-criam-
-caveira-macabra-com-corpos-femininos-nus/

## Caibalion

Descreve sete preceitos da filosofia hermética do antigo Egito e da Grécia.

O quarto grande princípio hermético é o Princípio da Polaridade:

> Tudo é duplo; tudo tem dóis polos; tudo tem seu par de opostos; o semelhante e o dessemelhante são uma só coisa; os opostos são idênticos em natureza, mas diferentes em grau; os extremos se tocam; todas as verdades são meia-verdades; todos os paradoxos podem ser reconciliados. (INICIADOS, 1992, p. 85).

Este princípio nos diz que todas as coisas manifestadas têm dois lados, dois aspectos, dois polos opostos e diferenciam-se apenas na graduação entre ambos. E que podem ser reconciliados, ou, integrados. Reconhece a polaridade e afirma que a diferença de um polo para outro é apenas gradual. Que o conhecimento desse princípio permite ao sujeito compreender-se melhor e também aos outros. Ele pode mudar, elevando ou abaixando a influência de seus polos, em vez de ser o seu escravo.

"O que está em cima, está em baixo."
Hermes Trismegisto, legislador e filósofo egípcio, que viveu por volta de 1.330 a.C.

Fonte: https://arcturianos.com.br/as-leis-que-regem-nossa-vida-hermes-trismegisto-e-
-os-principios-hermeticos/

## Dionísio e Apolo

O filósofo Friedrich Nietzsche, (1992), aponta uma luta constante entre o apolíneo e dionisíaco, entre a razão e a vontade espontânea, entre o medido e o impulso criativo desmedido. Defende que a nossa vida se transcorre nesse conflito, nessa dualidade, e critica o triunfo do apolíneo em nossa cultura. O predomínio do apolíneo sobre o dionisíaco ocorre, pois, a moral é mais válida do que a música, a dança e embriagues.

Para Claudio Naranjo, Dionísio é o deus da paixão e da expressão, da atenção e da responsabilidade. E o caminho dionisíaco é o de ir com as paixões e a conhecê-las sem sua louca exageração e deixá-las atrás através de sua expressão indulgente. O caminho apolíneo é o contrário: o conhecimento se obtém a partir da distância e da oposição (NARANJO apud PENARRUBIA, 2012, p. 142).

O mistério dionisíaco é o mistério da imersão, que é uma dissolução da mente individual no todo. Dionísio está associado ao ilimitado e ao fluido mar, à embriagues mística, à dissolução do eu.

O mistério apolíneo, a mudança, é o mistério do fogo que queima tudo, o mistério da morte interior, da desidentificação, respeito a corrente da vida.

Em sua entrega à corrente da vida, Dionísio aceita a morte e Apolo, em sua distância desapaixonada, serve ao triunfo da vida e de suas formas.

A psicoterapia está chegando a uma compreensão de que os polos dionisíaco e apolíneo do espírito se complementam (NARANJO, 2000, p. 14).

Apolo

Fonte: http://dikayendri.blogspot.com/2011/03/apollo.html

Apolo é o deus da juventude, da beleza, da poesia e das artes. É o deus da luz, da claridade, da harmonia. Simboliza a norma, a serenidade, o equilíbrio, a moderação, a medida, a perfeição, a coerência, o aparente. O apolíneo é uma atitude mental que se orienta por princípios e formas estabelecidas. O apolíneo obedece aos processos lógicos do pensamento, é perfeito, dono dos valores e da razão, nega a vida. Possui um instinto figurativo em que prevalece o racional e o reflexivo. Impele, para a ordem, em distinguir uma coisa de outra, observa as relações, as igualdades e diferenças e nos leva a quantificar e medir.

Dionísio

Fonte: https://es.wikipedia.org/wiki/Archivo:Dionysos_am_Louvre_Ma87.jpg

Dionísio é o deus grego do vinho, das festas, das colheitas, da embriagues e da alegria transbordante. O dionisíaco emerge dos problemas do ser e não renúncia a nada que seja vida, possua a alegria de viver, a força da vida. É impulsivo e segue seus instintos. É o terrível, o bárbaro, possui a vontade de poder. É o irracional, o desmesurado, o cruel e o imperfeito. Dionísio simboliza a confusao, o caos, a noite, o risco, o escuro, o que calamos dentro de nós, o passional. Para ele, o deus é o caminho para se alcançar a grandeza humana.

## Tao Te Ching

O Taoísmo diz que tudo é parte de um sistema integral que está em permanente mudança.

Diz também que o ser humano nasce com um tesouro, a energia sexual (*Ching*), a energia vital (*Chi*), a energia emocional (*Te*) e a energia espiritual (*Shen*).

Estabelece a existência de três forças, uma positiva, outra negativa e outra conciliadora. A negativa (*Yin*), feminina, e a positiva (*Yang*), masculina, opõem-se e se complementam, são interdependentes e funcionam como uma unidade. A terceira (Tao) é superior e contém as outras duas.

*Yang* significa a parte luminosa ou ensolarada da montanha e *Yin,* a parte escura ou sombreada. A montanha representa o símbolo da unidade, onde as forças aparentemente opostas formam parte de uma única natureza: a montanha.

Estamos no caminho Tao quando este conduz da confusão do mundo para o eterno.

Fritz Perls buscou nas tradições orientais do *Zen* Budismo e no Taoísmo o suporte espiritualista que o levou a uma nova compreensão sobre o modo de ser e de estar no mundo. A consciência do estar no presente é uma herança resultante dessa busca. Estar atento no aqui e agora tem mais importância do que as recordações do passado e das expectativas do futuro, (PENARRUBIA, 2014, p. 90).

## Cabala

Os apontamentos de Dion Fortune, (1990), sobre a Cabala apresentam o desenvolvimento das três primeiras Emanações Divinas que constam na Árvore da Vida (*Otz Chum*), que é um símbolo composto que representa a complexidade do cosmos e também as relações da alma humana com esse cosmos. Trata-se da combinação de 10 círculos sagrados (*Sephiroth*), unidos por 22 linhas ou caminhos.

Na parte superior dessa Árvore da Vida, estão três *Sephiroth*: *Kether*, a Coroa; *Chokmah*, a Sabedoria; e *Binah*, a Compreensão.

*Kether* ocupa lugar na posição central superior da árvore e representa a própria essência, atemporal, livre, a mansidão, o equilibrio. É a gênese de todas as emanações. E a sua manifestação só ocorre após a diferenciação dos pares de opostos. O que ocorre entre a Sabedoria, *Chokmah*, a coluna direita da Compaixão, o Pai, a potência passiva masculina, a força expansiva, a energia pura ainda não materializada e a Compreensão, *Binah*, a Mãe, a potência ativa feminina, a coluna esquerda da Severidade, a forma.

Da união de *Chokmah* e *Binah* resulta *Daath*, uma *Sephirah*, misteriosa e oculta que significa a compreensão e a consciência. Ou seja, a compreensão e a consciência que provêm da união dos polos opostos.

Sefirot

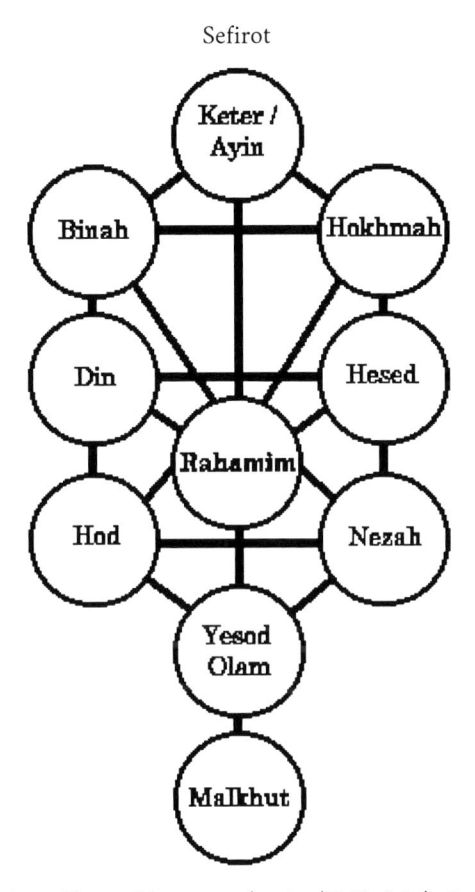

Fonte: http://www.kheper.net/topics/Kabbalah/sefirot.htm

## Escassez e Abundância

É importante olhar para os paradigmas da ecologia humana, pois tratam da sobrevivência da natureza e da própria humanidade. E também olhar para a escassez e abundância interna, polaridades que nos impedem de atingirmos a plenitude e a harmonia.

Fonte: https://exame.abril.com.br/blog/gestao-fora-da-caixa/a-inseguranca-do-empre-go-e-a-impotencia-da-comunidade/

## Justo-meio

Aristóteles (1973), filósofo grego, diz que o homem é parte da cidade (*pólis*) e que a sua felicidade depende da felicidade da cidade. O homem feliz é aquele que alcança a cidadania. E para isso, deve agir conforme as virtudes (*arétê*), considerando o justo-meio (*mésotès*) e evitando os vícios por falta ou por excessos.

Para ele, o exercício está em olhar para esses excessos, pois os dois extremos são inadequados, o que é um caminho difícil e exige muita disposição do sujeito, uma vez que o distanciamento do justo-meio ocorre pela busca natural pelo prazer ou pela fuga do sofrimento e da dor. E nessa busca e fuga, pratica-se más ações e deixa-se de praticar as boas ações. Exige, portanto, esforço, disciplina e uma ação contínua para desenvolver o hábito de agir de forma excelente, como uma prática natural, sem sofrimento.

A ilustração abaixo foi desenvolvida por James Lanktot e Justin Irving, baseada no *Continuum* de Virtudes de Aristóteles.

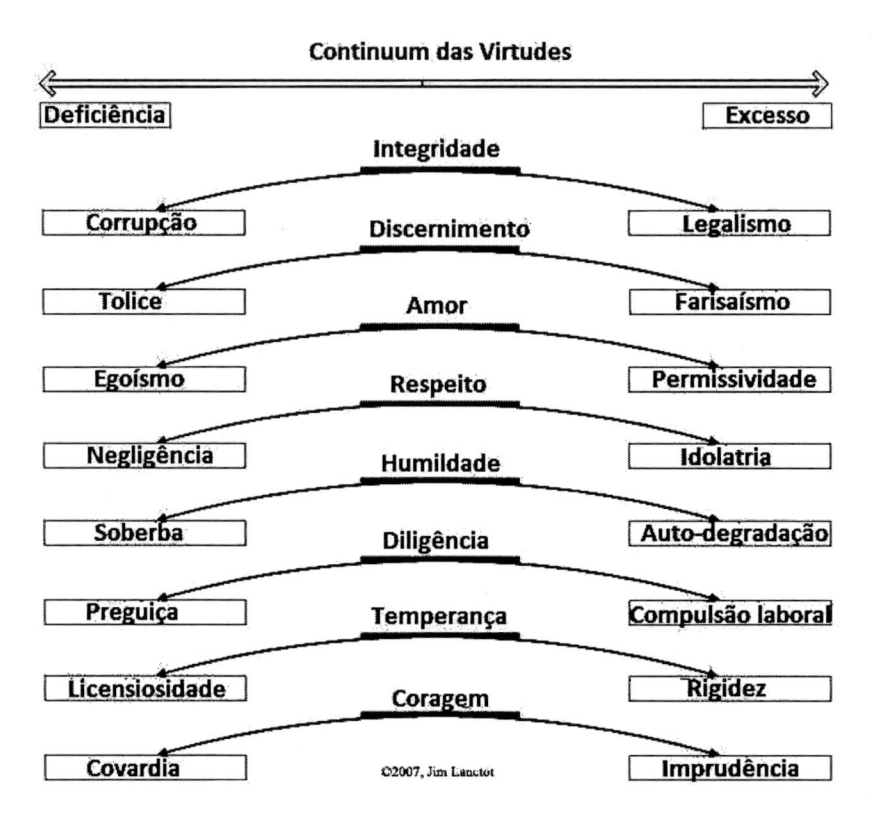

Fonte: https://umbandauthis.blogspot.com/2016/01/continuum-das-virtudes-filoso-fia-grega.html

## Osho

Como você pode amar sem odiar?

Se um mundo sem raiva fosse possível, eu não o escolheria, porque a compaixão sem raiva não teria vida. O oposto é o que dá a tensão, o oposto é o que proporciona o caráter.

Quando o ferro passa pelo do fogo, torna-se aço; Sem fogo, não pode se tornar aço. E quanto maior a temperatura, maior será a força do aço. Se a sua compaixão pode passar pelo fogo da ira, quanto maior a temperatura da raiva, maior a força da compaixão.

Buda é compassivo. Ele é um guerreiro. Ele vem da casta *kshatriya*, é um samurai. Ele deve ter levado uma vida cheia de raiva; e, de repente, a compaixão chegou. O mestre jainista Mahavira pertencia à casta dos *kshatriyas*. Parece absurdo, mas se analisado tem certa lógica: todos os grandes mestres da não-violência vieram de raças guerreiras. Eles falam de não-violência, de compaixão; Eles experimentaram a violência e sabem o que isso significa. Apenas um *kshatriya,* um guerreiro que viveu no meio do fogo, tem essa grande compaixão.

Então se lembre: se os extremos estão lutando dentro do seu coração, não escolha. Permita que ambos estejam ali. Seja uma ótima casa, tenha espaço suficiente para ambos. Não diga: *"Só sentirei compaixão, não raiva; Só sentirei amor, não odio".* Você se tornará empobrecido. Tenha um coração grande, deixe ambas as coisas estarem aí. Não é necessário criar um confronto entre eles; não há luta.

A luta surge na mente, a partir dos ensinamentos, da educação, do seu condicionamento. O mundo não faz senão dizer-lhe: *"Ame, não odeie".* Como você pode amar sem odiar? Jesus diz: *"Ama seus inimigos".* Mas eu digo-lhe: *"Ele também odeia seus amantes".* Dessa forma, torna-se um todo completo. Caso contrário, o mandamento de Jesus está incompleto. Ele disse: *"Ame seus inimigos".* Você odeia apenas seus inimigos, e Ele disse que você também deve amá-los. Mas a outra parte está faltando. Eu digo-lhe: odeia, também, os seus amigos; odeia, também, seus amantes, e não tenha medo.

Assim, pouco a pouco você verá que não há diferença entre amigo e inimigo porque você ama e odeia o seu inimigo e ama e odeia o seu amigo. Simplesmente será uma questão de perceber qual o lado da moeda que você vê. Então o amigo é inimigo e o inimigo é amigo. Quando isso acontece, as distinções desaparecem. Não crie uma luta interior, permita que ambos existam. Ambos serão necessários. Ambos lhe darão as asas que lhe ajudarão a, então, voar.

Osho Aprender a Amar
(disponível em: http://osho-estilodevida.blogspot.com.br/. Acesso em: 5 jun. 2014).

## Jalal Ud-Din Rumi

*O que não sou*
*Que devo fazer, ó muçulmanos,*
*se já não me reconheço?*
*Não sou cristão, nem judeu,*
*nem mago, nem muçulmano.*
*Não sou do Oriente, nem do Ocidente,*
*nem da terra, nem do mar.*
*Não venho das entranhas da natureza,*
*nem das estrelas girantes.*
*Não sou da terra, nem da água*
*nem do fogo, nem do ar.*
*Do empíreo não sou,*
*nem do pó deste tapete.*
*Não sou da tona, nem do fundo,*
*nem do antes, nem do depois.*
*Nem da Índia, nem da China*
*nem da Bulgária, nem de Saqsin;*
*não sou do reino do Iraque,*
*nem da terra de Khorassan.*
*Nem deste mundo, nem do próximo,*
*nem do céu, nem do purgatório.*
*Meu lugar é o não-lugar,*
*meu passo é o não-passo.*

*Não sou corpo, não sou alma.*
*A alma do Amado possui o que é meu.*
*Deixei de lado a dualidade,*
*vejo os mundos num só.*
*Procuro o Um, conheço o Um,*
*vejo o Um, invoco o Um.*
*Ele é o Primeiro e o Último,*
*o exterior e o interior.*
*Nada existe senão Ele.*
Ébrio da taça do amor,
*os dois mundos escorrem por minhas mãos.*
*Nada mais me move*
*além do gozo desse vinho.*
*Se em minha vida passo*
*sem ti um só momento*
*desprezo o que vivi*
*desde aquele instante.*
*Se neste mundo eu estiver*
*um só momento frente a ti,*
*porei os dois mundos a meus pés*
*e dançarei de alegria.*
*Oh, Shams de Tabriz, tão ébrio estou*
(Jalal ud-Din Rumi – *Poemas Místicos*, 1996, p. 84).

## Lao Tsé

Só temos consciência do belo,
Quando conhecemos o feio.
Só temos consciência do bom,
Quando conhecemos o mau.
Porquanto, o Ser e o Existir,
Se engendram mutuamente.
O fácil e o difícil se completam.
O grande e o pequeno são complementares.
O alto e o baixo formam um todo.
O som e o silêncio formam a harmonia.
O passado e o futuro geram o tempo.
Eis porque o sábio age,
Pelo não-agir.
E ensina sem falar.
Aceita tudo que lhe acontece.
Produz tudo e não fica com nada.
O sábio tudo realiza – e nada considera seu.
Tudo faz – e não se apega à sua obra.
Não se prende aos frutos da sua atividade.
Termina a sua obra,
E está sempre no princípio.
E por isso a sua obra prospera.

## Aceitação e Contenção

*Aceita e serás completo,*
*Inclina-te e serás reto,*
*Esvazia-te e ficarás pleno,*
*Decai, e te renovarás,*
*Deseja, e conseguirás,*
*Buscando a satisfação ficarás confuso.*
*O sábio aceita o mundo como o mundo aceita o Tao;*
*Não se mostra a si mesmo, e assim é visto claramente,*
*Não se justifica a si mesmo, e por isso aparece,*
*Não se empenha, e assim realiza a obra,*
*Não se glorifica, e por isso é excelso,*
*Não busca a luta, e por isso ninguém luta contra ele.*
*Os santos diziam, "aceita e serás completo",*
*Uma vez completo, o mundo é seu lugar.*

## Gibran Khalil Gibran

Perguntais-me como me tornei louco. Aconteceu assim:

*"Um dia, muito antes de muitos deuses terem nascido, despertei de um sono*
*profundo e notei que todas as minhas máscaras tinham sido roubadas*
*– as sete máscaras que eu havia confeccionado e usado em sete vidas –*
*e corri sem máscara pelas ruas cheias de gente gritando:*
*'Ladrões, ladrões, malditos ladrões!'*
*Homens e mulheres riram de mim e alguns correram para casa,*
*com medo de mim.*
*E quando cheguei à praça do mercado, um garoto trepado*
*no telhado de uma casa gritou:*
*'É um louco!'*
*Olhei para cima, para vê-lo.*
*E então o sol beijou pela primeira vez minha face nua.*
*Pela primeira vez, o sol beijava minha face nua,*
*e minha alma inflamou-se de amor pelo sol,*
*e não desejei mais minhas máscaras.*
*E, como num transe, gritei:*
*'Benditos, benditos os ladrões que roubaram minhas máscaras!'*
*Assim tornei-me louco.*
*E encontrei tanto liberdade como segurança*
*em minha loucura: a liberdade da solidão*
*e a segurança de não ser compreendido,*
*pois aquele que nos compreende*
*escraviza alguma coisa em nós".*

*O Louco....*

A dor, entre dois amores

Fonte: https://www.theculturium.com/kahlil-gibran-poet-painter-prophet/

Jamais estou de acordo com meu outro eu. Entre ele e eu, nesse espaço intermediário, a verdade parece ser encontrada. (GIBRAN 1975, p. 85).

Alguns dentre vós dizeis: "A alegria é maior que a tristeza", e outros dizem "Não, a tristeza é maior".

Eu, porém, vos digo que elas são inseparáveis.

Vêm sempre juntos; e quando uma está sentada à vossa mesa, lembrai-vos de que a outra dorme em vossa cama.

Em verdade, estais suspensos como os pratos de uma balança entre vossa tristeza e vossa alegria.

Quando o guarda do tesouro vos suspende para pesar seu ouro e sua prata, então deve a vossa alegria ou a vossa tristeza subir ou descer. (GIBRAN 1976, p. 28).

Os Sete Eus

Na hora mais sossegada da noite, quando eu me encontrava meio adormecido, meus sete Eus sentaram-se e assim conversaram, em sussurro:

Primeiro Eu: Aqui, neste louco, tenho habitado todos estes anos, sem coisa alguma a fazer senão renovar sua dor durante o dia e distrair sua tristeza à noite. Não posso suportar mais tempo meu fado, e agora me rebelo.

Segundo eu: Tua sorte é melhor que a minha, irmão, pois fui incumbido de ser o Eu alegre deste louco. Rio suas risadas e canto suas horas felizes, e com pés de três asas danço seus mais brilhantes pensamentos. Eu é que devo rebelar-me contra minha fatigante existência.

Terceiro Eu: E que direi eu, o Eu do amor, o tição inflamado de bárbaras paixões e fantásticos desejos? Sou eu, o Eu doente de amor, que me revolto contra este louco.

Quarto Eu: Entre vós todos, sou o mais infeliz, pois nada me foi dado senão abominável ódio e aborrecimento destruidor. Sou eu, o Eu tempestuoso, o único nascido nas negras cavernas do Inferno, que devo protestar por servir a este louco.

Quinto Eu: Não. Sou antes eu, o Eu pensante, o Eu fantasista, o Eu da fome e da sede, o único fadado a vagar sem descanso à procura de coisas desconhecidas e de coisas ainda não criadas. Sou eu, não vós outros, que devo revoltar-me.

Sexto Eu: E eu, o Eu trabalhador, o lastimável obreiro,

que, com mãos pacientes e olhos ansiosos, afeiçoo os dias em imagens e dou aos informes elementos formas novas e eternas, sou eu, o solitário, que devo revoltar-me contra este louco sem repouso.

Sétimo Eu: Como é estranho que vós todos vos revolteis contra este homem por ter cada um de vós um destino determinado a cumprir. Ah, fosse eu como um de vós, um Eu com destino determinado! Mas não tenho nenhum, sou o Eu sem ocupação, o que se senta calado e vazio em lugar algum e tempo algum, enquanto estais ocupados recriando a vida. Sois vós ou eu, companheiros, quem se deve revoltar?

Quando o sétimo Eu assim falou, os outros seis olharam-no com pena, mas não disseram mais nada. E, enquanto a noite ia ficando mais profunda, um após o outro foram adormecendo, envoltos numa nova e feliz submissão.

Mas o sétimo Eu permaneceu acordado a olhar para o nada, que está atrás de todas as coisas. (GIBRAN, 1973. p. 62).

## Os dois lobos[1]

Fábula dos índios *Cherokee*.

Certo dia, um jovem índio *cherokee* chegou perto de seu avô para pedir um conselho. Momentos antes, um de seus amigos havia cometido uma injustiça contra o jovem e, tomado pela raiva, o índio resolveu buscar os sábios conselhos daquele ancião.

O velho índio olhou fundo nos olhos de seu neto e disse:

*"Eu também, meu neto, às vezes, sinto grande ódio daqueles que cometem injustiças sem sentir qualquer arrependimento pelo que fizeram. Mas o ódio corrói quem o sente, e nunca fere o inimigo. É como tomar veneno, desejando que o inimigo morra."*

O jovem continuou olhando, surpreso, e o avô continuou:

*"Várias vezes lutei contra esses sentimentos. É como se existissem dois lobos dentro de mim. Um deles é bom e não faz mal. Ele vive em harmonia com todos ao seu redor e não se ofende. Ele só luta quando é preciso fazê-lo, e de maneira reta."*

*"Mas o outro lobo... Este é cheio de raiva. A coisa mais insignificante é capaz de provocar nele um terrível acesso de raiva. Ele briga com todos, o tempo todo, sem nenhum motivo. Sua raiva e ódio são muito grandes, e por isso ele não mede as con-*

---

[1] Disponível em: http://abundanciasempre.com/2017/11/21/fabula-dos-dois-lobos-dos-indios-cherokee/

sequências de seus atos. É uma raiva inútil, pois sua raiva não irá mudar nada. Às vezes, é difícil conviver com estes dois lobos dentro de mim, pois ambos tentam dominar meu espírito."

O garoto olhou intensamente nos olhos de seu avô e perguntou: "E qual deles vence?"

Ao que o avô sorriu e respondeu baixinho: "Aquele que eu alimento."

**A luta interior**

Dois seres vivem em mim
dois seres muito contrários,
os dois lutam
por aquilo que acreditam que seja correto.

\*

Um faz o que desejo,
e o outro se abstém de fazê-lo,
os dois lutam entre si
para ficarem com minha alma e meu corpo.

\*

Em um manda a minha mente
e faz o que lhe ordena,
o outro rege o meu coração
e reprime o que sinto.

\*

Um é hipócrita e falso,
o outro é verdadeiro e sincero,
um é agressivo e mau
o outro é pacífico e bom.

\*

Um anda livremente
o outro é presa do medo,

um é brando como um pão
o outro tem alma de aço.

*

Um sabe onde vou
o outro caminha incerto,
o primeiro te fala de amor
o outro quer teu corpo.

*

Um chora no teu colo,
o outro te escreve versos,
Um sempre te machuca,
o outro será teu remédio.

*

Um é amigo do mal,
o outro é bom conselheiro.
Diz qual deles queres
porque nem eu os entendo.

*

É uma luta interior
por fazer o que é correto,
os dois lutam entre eles
para ficarem com minha alma e corpo.

*

Nenhum pode sair,
os dois vivem dentro de mim.
Os dois lutam entre eles,
os dois lutam, e eu, no meio deles.

**Iván Bonfilio**
**(em seu mural no *Facebook*)**
Publicado por Teresa Beltran Olivé

## Os Dervixes Rodopiantes

*Deus te joga de um sentimento ao outro e te
ensina por meio dos opostos, de modo que terás
duas asas para voar, não uma.*
(RUMI)

Dervixes são aqueles que são iniciados no Caminho Sufi Islâmico.

E uma dessas ordens *(tariqat)* é a Mevlevi, *(mevlevilik)*, fundada pelos sucessores de Mevlânâ (nosso Mestre), Jalâl al-Dîm Mohamed Rûmî, um poeta, pensador e jurista persa, no século XIII, em Konya, na Turquia.

São conhecidos como os dervixes rodopiantes, ou giradores, ou dançantes, por conta de uma forma meditativa devocional chamada *zikr* ou *dhikr*, a lembrança Divina, que realizam em uma cerimônia ritual mística de busca espiritual e amor divino, chamada de *Sema ou Samâ*, como exaltação do sagrado e um caminho para se chegar a Deus. Essa cerimônia vem sendo realizada desde sua morte em 1273. E ele acreditava que a música e a dança levariam ao arrebatamento a libertação das dores da vida.

Quando estão realizando esse ritual, o dervixe gira em sentido anti--horário, na mesma direção da rotação do planeta Terra, ou seja, no próprio eixo e ao redor do Sol, o que simbolicamente é o movimento dos planetas ao redor do Criador. O movimento exterior serve como meio para a mobilidade e a quietude interior. O dervixe rodopia sobre o seu próprio eixo e move-se no espaço circular em sentido anti-horário. Nesses movimentos, erguem os braços, com a mão direita para cima e a mão esquerda para baixo, cujo significado é de que tomam, recebem de Deus e oferecem aos demais.

Com esse gesto, vivencia-se a integração das polaridades: a mão direita que recebe e a esquerda que oferece, e isso girando em torno do próprio coração, *qalb*, em equilíbrio.

Vejo aqui a integração das polaridades, para mim esse equilíbrio entre o dar e receber, o que está em cima e o que está embaixo, representado pela mão esquerda e pela direita, demonstra uma compreensão dos polos e a sua integração.

Afinal, o Samâ representa o equilíbrio da vida. O giro em torno do próprio eixo, em torno do próprio coração é feito com a perna direita produzindo o impulso enquanto a esquerda está fixada ao solo.

Os braços abrem-se ao alto, a mão direita abre-se para cima, em busca da graça dos Céus, (Baraka), simbolizando a aceitação, a franqueza o estar disponível e a esquerda abre-se para baixo, repassando-a ao mundo, representando o servir, o dar, o distribuir. Tudo isso integrado por meio do coração.

"Dervixes Rodopiantes In Galata Mawlawi House, Ottoman Empire"
Amedeo Preziosi (1816-1882), Watercolour, c. 1857.

## Ayuhasca – a Sagrada Medicina

Na língua quéchua:

- aya = espírito ou ancestral e huasca = vinho, portanto a bebida dos espíritos ou dos mortos.

Essa bebida resulta do cozimento de partes do cipó, *Banisteriopsis caapi*, com as folhas da *Psichotria viridis*.

No Brasil é utilizada sob influência religiosa por grupos ligados a União do Vegetal, Barquinha ou Santo Daime, e também por grupos livres ou independentes, sem o aspecto religioso, mas com o enfoque terapêutico ou xamânico.

O cipó *Banisteriopsis caapi* é chamado pelo Santo Daime de Jagube e pela União do Vegetal de Mariri.

A Psichotria viridis é chamada pelo Santo Daime de Rainha e pela União do Vegetal de Chacrona.

Possui outros nomes: yaje, caapi, pindé, bebida divina, hoasca.

A união das duas plantas é denominada o Chá de Ayahuasca, Daime ou Vegetal e ajudam a ampliar o estado de consciência, com experiências de estimulação visual e auditivas e sensações de contato com forças e locais sobrenaturais ou divinos.

Enzimas do nosso organismo são inibidas pelos alcalóides permitindo que o DMT (dimetil-triptamina) das folhas chegue ao sistema nervoso central.

A ayahuasca é um enteógeno, um expansor da consciência, aguçando-a. Não é alucinógeno, este distorce a percepção da consciência.

A preparação da ayahuasca, chamada de feitio, é realizada durante vários dias, desde a coleta à preparação e ao cozimento.

A coleta do cipó é feita pelos homens, que os identificam, cortam em pedaços que são macerados e transformados em partes menores para que sejam totalmente aproveitados durante o cozimento.

E as folhas da Rainha ou Chacrona, são colhidas somente pelas mulheres, que então lavam e limpam folha por folha, para que possam ir para o cozimento.

De maneira simplista, mas com uma tradição indígena ou xamânica, os povos da Amazônia, por centenas e, quiçá, milhares de anos, reproduzem esse chá e o utilizam ritualisticamente.

Aqui, pode-se observar a importância das polaridades, as folhas da Rainha ou Chacrona são consideradas o princípio feminino do chá e são preparadas pelas mulheres, e o Cipó Mariri ou Jagube, considerado o princípio masculino da bebida, é preparado pelos homens. O cipó e as folhas, quando integrados, resultam na Ayahuasca.

As folhas representam o princípio feminino, e o cipó o princípio masculino

Fonte: http://www.jornalgrandebahia.com.br/2015/07/bebida-de-poder-inacreditavel-
-a-terapeutizacao-da-ayahuasca-empobrece-a-experiencia/

## Parábola dos sete cegos[2]

"Numa cidade da Índia viviam sete sábios cegos. Como os seus conselhos eram sempre excelentes, todas as pessoas que tinham problemas recorriam à sua ajuda.

Embora fossem amigos, havia uma certa rivalidade entre eles que, de vez em quando, discutiam sobre qual seria o mais sábio.

---

[2] Disponível em: https://www.hierophant.com.br/arcano/posts/view/Yoga/1205

Certa noite, depois de muito conversarem acerca da verdade da vida e não chegarem a um acordo, o sétimo sábio ficou tão aborrecido que resolveu ir morar sozinho numa caverna da montanha. Disse aos companheiros:

– Somos cegos para que possamos ouvir. Entender melhor as outras pessoas e a verdade da vida. E, em vez de aconselhar os necessitados, vocês ficam aí discutindo como se quisessem ganhar uma competição.

Não aguento mais! Vou-me embora.

No dia seguinte, chegou à cidade um comerciante montado num enorme elefante. Os cegos nunca tinham tocado nesse animal e correram para a rua ao encontro dele.

O primeiro sábio apalpou a barriga do animal e declarou:

– Trata-se de um ser gigantesco e muito forte! Posso tocar nos seus músculos e eles não se movem; parecem paredes...

– Que palermice! – disse o segundo sábio, tocando nas presas do elefante. – Este animal é pontiagudo como uma lança, uma arma de guerra...

– Ambos se enganam – retorquiu o terceiro sábio, que apertava a tromba do elefante. – Este animal é idêntico a uma serpente! Mas não morde, porque não tem dentes na boca. É uma cobra mansa e macia...

– Vocês estão totalmente alucinados! – gritou o quinto sábio, que mexia nas orelhas do elefante. – Este animal não se parece com nenhum outro. Os seus movimentos são bamboleantes, como se o seu corpo fosse uma enorme cortina ambulante...

– Vejam só! – Todos vocês, mas todos mesmos, estão completamente errados! – irritou-se o sexto sábio, tocando a pequena cauda do elefante. – Este animal é como uma rocha com uma corda presa no corpo.

Posso até pendurar-me nele.

E assim ficaram horas debatendo, aos gritos, os seis sábios. Até que o sétimo sábio cego, o que agora habitava a montanha, apareceu conduzido por uma criança.

Ouvindo a discussão, pediu ao menino que desenhasse no chão a figura do elefante. Quando tateou os contornos do desenho, percebeu que todos os sábios estavam certos e enganados ao mesmo tempo. Agradeceu ao menino e afirmou:

– É assim que os homens se comportam perante a verdade. Pegam apenas uma parte, pensam que é o todo, e continuam tolos!".

# CONSIDERAÇÕES FINAIS

Na Gestalt-terapia, um dos aspectos mais importantes para mim é a questão das polaridades.

Olhamos primeiramente para a figura que se apresenta, olhamos para um polo, sendo este olhar influenciado pela própria história, pela cultura, pela religião. E isso acontecendo, essa influência também nos leva a não olhar para o polo contrário. Esse não olhar e a insistência nesse movimento, leva-nos à neurose, à luta interna. Ao passo que, quando se consegue vencer essas barreiras e se começa a olhar para os dois polos e a compreender que essas figuras fazem parte de um todo, tem início um processo de integração, de dar-se conta e essa consciência nos permite tomar decisões mais conscientes e ter sensações mais completas, harmônicas e saudáveis. Isso leva a um novo processo, a um novo modo de vida o qual a Gestalt-terapia deixa de ocupar um papel terapêutico, mas começa a tomar a forma de um novo modelo de viver para aqueles que buscam essa consciência e integração.

Como diz as antigas tradições, a dualidade ou a polaridade existe na manifestação da energia primordial ou divina, quando esta se manifesta na natureza ou neste plano material.

Diferentemente do pensamento ocidental, onde os opostos se opõem, sem qualquer relação entre eles, como se fossem duas coisas separadas, a compreensão oriental convida-nos a perceber que a dualidade é a verdadeira unidade, porque os opostos não podem existir um sem o outro.

Aí sim, nós, que habitamos neste mundo, temos a percepção desses polos como contrários ou opostos, como as faces sombrias ou ensolaradas da montanha.

Mas se tomo consciência do conceito de Unidade, com a presença da força que neutraliza essa luta de opostos, percebo a sua real existência, tal qual a montanha, e isso permite mudar toda a referência e olhar sobre aspectos que considero como exclusivo quando estou ancorado nos polos ou na dualidade.

> Quando se compreende que os opostos são um, a discórdia se dissolve em concórdia, as batalhas se convertem em danças e os antigos inimigos convertem-se em amantes. Estamos então em condições de estabelecer amizade com a totalidade do nosso universo, em vez de seguir mantendo-o dividido. (WILBER, 1990, p. 49).

Daí a importância do contato com silêncio, este vazio fértil ou ponto zero, para compreender que esse vazio permite o encontro com essa Unidade, ou simbolicamente com a montanha, e que essa compreensão leva a um olhar e a um viver mais inteiro, mais completo e mais livre, pois os polos são relativos e muitas vezes reféns do próprio ego.

Então nesse exercício de observar a si mesmo, de fato como é, como dono do seu próprio destino e da sua própria história, o sujeito passa a se responsabilizar de forma consciente e livre pelas suas decisões, pelas suas sensações, pelas suas relações e pelo ambiente ou mundo que habita, tornando-se saudável, livre e consciente.

Portanto os polos, passado, a força negativa, e o futuro, a força positiva, equilibram-se com a presença atuante da força neutra, o presente. No presente, no aqui e agora, habita a vida, a morte, o amor.

E aqui a importância fundamental da meditação em todos seus aspectos ou tipos, desde que permita ao sujeito experimentar esse estado de observação consciente independentemente dos métodos ou escolas. E assim, considero a Gestalt-terapia fundamental para o apoio à autoconstrução do sujeito e ao progresso do homem integral, pois permite a ele experimentar o Ser, com suas emoções, pensamentos e suas sensações físicas e espirituais.

Assim, ressalto a importância do Caminho.

É preciso me conhecer, portanto é necessário empreender a busca, o autoconhecimento, o conhecer o mundo que me cerca, por meio dos estudos, do contato com o outro, das terapias, das observações, da escuta. Mas, junto a isso, a exploração meditativa é um importante exercício de presença, de estar no aqui e agora, de navegar nessa consciência e integrar o aprendizado, em seus aspectos físicos, emocionais, intelectuais e espirituais. E, nesse exercício de crescimento, posso me apropriar do meu próprio lugar. O lugar que ocupo no mundo, na sociedade, na família etc. E assim, conhecendo-me cada vez mais, estando presente, responsabilizando-me, ocupando o meu lugar, estou pronto para tomar ou compreender a compaixão, começando pelo primeiro amor, que é para comigo, conseguindo, assim, olhar, escutar e sentir o outro, podendo amá-lo.

Aproveito para encerrar com os aforismos da *Suddha Dharma Mandalam*, organização esotérica da Índia, que possui três grandes aforismos que ajudam a compreender o sentido da dualidade e da unidade:

*Sarvam Tat Kalvidam Brahm*
Tudo é verdadeiramente é Deus;

*Sarvam Brahma Swabhavayam*
Tudo é de natureza Divina;

*Sarvam Avasyakam*
Tudo é necessário.

Eu sou o que sou.

"Que venga, lo que venga..." Claudio Naranjo

# REFERÊNCIAS

ALBERT, J. A. *Ternura y agresividad. Carácter, Gestalt. Bioenergética y eneagrama.* Barcelona: Ediciones La Lhave, 2014.

ARISTÓTELES. *Ética a Nicômaco.* Tradução de Leonel Valandro e Gerd Bornheim. São Paulo: Abril Cultural, 1973.

BARLOEWEN, C. *Clowns.* Uma figura arquetípica. Barcelona: Kairós, 2016.

BAUDINO, A. K. *El Eneagrama Sufi.* Rosário: Huwa Ediciones, 2014.

BORJA, G.z*La loucura lo cura.* Barcelona: Ediciones La Lhave, 2015.

BUBER, M. *Eu e Tu.* Tradução de Newton Aquiles Von Zuben. São Paulo: Cortez e Moraes, 1977.

BURNIER, L. O. *A Arte de Ator*: da técnica à representação. Campinas: Editora Unicamp, 2009.

BYNGTON, C. *Desenvolvimento da personalidade.* Símbolos e Arquétipos. São Paulo: Ática, 1987.

CAFÉ, S. *Meditando com os anjos.* São Paulo: Pensamento, 1991.

CAMARGO, G. G. A. *Mukabele.* Ritual Dervixe. Florianópolis: Insular, 2010.

CAMILA, S. G.; WOLF, J. R.; ALMEIDA, W. C. *Lições de Psicodrama.* Introdução ao pensamento de J.L. Moreno. São Paulo: Ágora, 1988.

CARDELLA, B. H. P. *O amor na relação terapêutica.* Uma visão gestáltica. São Paulo: Summus Editorial, 1982.

CLARK, L. *Arte em revista.* Belo Horizonte: Centro de Estudos de Arte Contemporânea, 1983.

CREMA, R. *Introdução à visão holística.* São Paulo: Summus Editorial, 1989.

ELIADE, M. *O sagrado e o profano.* Tradução de Rogerio Fernandes. São Paulo: Martins Fontes, 1992.

ELIADE, M. *Yoga imortalidade e liberdade.* Tradução de Teresa de Barros Velloso. São Paulo: Palas Athena, 2015.

ESTEVAM, C. *Freud vida e obra*. São Paulo: Paz e Terra, 1986.

FEUERSTEIN, G. *Tantra*. Sexualidade e espiritualidade. Tradução de Gilson B. Soares. Rio de Janeiro: Nova Era, 2001.

FORTUNE, D. *A cabala mística*. Tradução de Mário Muniz Ferreira. São Paulo: Pensamento, 1990.

FREUD, A. *O ego e os mecanismos de defesa*. Tradução de Álvaro Amaral. Rio de Janeiro: Civilização Brasileira, 1974.

GIBRAN, K. G. Parábolas. Tradução de Mansour Challita. Rio de Janeiro: AGIGI, 1973.

GIBRAN, K. G. *Areia e espuma*. Tradução de Mansour Challita. Rio de Janeiro: ACIGI, 1975.

GIBRAN, K. G. *O Profeta*. Tradução de Mansour Challita. Rio de Janeiro: ACIGI, 1976.

GOLDGRUB, F. As teorias da ansiedade e das pulsões em Freud. *Psicologia Revista,* São Paulo, v. 19, 11–32, 2010.

GREGORIM, G. *Santo Daime*: estudo sobre simbolismo, doutrina e povo de Juramidam. São Paulo: Ícone, 1991.

GUÉNON, R. *A Grande Tríade*. Tradução de Daniel Camarinha da Silva. São Paulo: Pensamento, 2007.

HEIDEGGER, Martin. *Conferências e escritos filosóficos*. Tradução de Ernildo Stein. São Paulo: Abril, 1983.

HELLINGER, B. *A simetria oculta do amor*. Tradução de Gilson César Cardoso de Sousa. São Paulo: Cultrix, 2013.

HELLINGER, B. *As ordens do amor*. Tradução Newton Araujo Queiroz. São Paulo: Cultriz, 2010.

HELOU, F. *Frederick Perls, vida e obra*: em busca da Gestalt-terapia. São Paulo: Summus Editorial, 2015.

INICIADOS, T. *O Caibalion*. Estudo da filosofia hermética do antigo Egito e da Grécia. Tradução de Rosabis Camaysar. São Paulo: Pensamento. 1992.

JUNG, C. G. *La psicologia del yoga kundalini*. Tradução de Manuel Abella. Madrid: Trotta, 2015.

JUNG, C. G. *Psicologia do inconsciente*. Tradução de Maria Luiza Appy. Petrópolis: Vozes, 1980.

JUNG, C. G. *Obras completas. Os arquétipos e o inconsciente coletivo*. Petrópolis: Vozes, 2008. v. 9/1.

KISNERMAN, N. *Sete estudos sobre serviço social*. São Paulo: Cortez e Moraes, 1980.

LORENZ, F. V. *Cabala. A tradição Esotérica do Ocidente*. São Paulo: Pensamento, 1991.

LUCCA, F. J. *A Estrutura da Transformação*. Teoria, vivência e atitude em Gestalt-terapia à luz da sabedoria organísmica. São Paulo: Summus Editorial, 2012.

MARKERT. C. *Yin – Yang*. Polaridade e harmonia em nossa vida. Tradução de Alayde Mutzenbecher. São Paulo: Cultrix, 1989.

MARTÍN, A. *Manual práctico de Psicoterapia Gestalt*. Bilbao: Desclée DeBrouwer, 2014.

MILANEZ, W. *Oaska*. O Evangelho da Rosa. Campinas: Sama, 1993.

NARANJO, C. *La vieja y novísima Gestalt*. Santiago: Cuatro Vientos Editorial, 1990.

NARANJO, C. *Gestalt de Vanguardia*. Barcelona: Ediciones La Lhave, 2013.

NARANJO, C. *Por uma Gestalt viva e para todos*. Tradução de Mara Grebogy. São Paulo: Esfera, 2012.

NARANJO, C. *Sanar a civilização*. Tradução de Eneida Ludgero da Silva. São Paulo: Esfera, 2012.

NARANJO, C. *Entre Meditação e Psicoterapia*. Tradução de Vera Lucia Amaral. Petrópolis: Vozes, 1999.

NARANJO, C. *Aspecto espiritual de la psicoterapia y el nuevo xamanismo*. Brasil: Hoffman, 2000

NIETZSCHE, F. W. *O Nascimento da Tragédia:* ou helenismo e pessimismo. Tradução de J. Guinsburg. São Paulo: Companhia das Letras, 1992.

OSHO. *Amor, liberdade e solitude*. Uma nova visão sobre os relacionamentos. Tradução de Leonardo Freire. São Paulo: Cultrix, 2006.

OUSPENSKY, P. D. *O Quarto Caminho*. Tradução de Daniel Camarinha da Silva. São Paulo: Pensamento, 1995.

PACHECO, A. *Ego, Esencia y Transformación*. Bases para uma Terapia Corporal Integrativa. Vitoria-Gasteiz: Hermes, 2011.

PADOVANI, U.; CASTAGNOLA, L. *História da Filosofia*. São Paulo: Edições Melhoramentos, 1972.

PENÃRRUBIA, F. *Terapia Gestalt*. La vía del vacío fértil. Madrid: Alianza Editorial, 2014.

PENÃRRUBIA, F. *Círculo y Centro*. El grupo gestáltico. Barcelona: Ediciones La Lhave, 2014.

PERLS, F. S. *A Abordagem Gestáltica e Testemunha Ocular da Terapia*. Tradução de José Sanz. Rio de Janeiro: LTC, 1988.

PERLS, F. S. *Ego, fome e agressão*: uma revisão da teoria e do método de Freud. Tradução de Georges D. J. Bloc Boris. São Paulo: Summus Editorial, 2002.

PERLS, F. S. *El enfoque guestaltico & testimonios de terapia*. Santiago: Cuatro Vientos Editorial, 1976.

PERLS, F. S. *Escarafunchando Fritz*. Dentro e fora da lata de lixo. Tradução de George Schlesinger. São Paulo: Summus Editorial, 1979.

PERLS, F. S. *Gestalt-terapia explicada*. Compilação e edição da obra original de John O. Stevens. Tradução de George Schlesinger. São Paulo: Summus Editorial, 1977.

PERLS, F.; HEFFERLINE, R.; GOODMAN, P. *Gestalt-terapia*. Tradução Fernando Ribeiro. São Paulo: Summus Editorial, 1997.

PERLS, L. Concepts and misconcepts of Gestalt therapy. *Voices*, v. 14, n. 3, 1978.

POLSTER, M.; POLSTER, E. *Gestalt terapia integrada*. Belo Horizonte: Interlivros, 1979.

RAMS, A. *Clínica gestáltica*. Metáforas de viaje. Barcelona: Ediciones La Llave, 2013.

REICH, W. *Análise do Caráter*. Tradução de Maria Lizette Branco. Viseu: Martins Fontes, 1972.

RIBEIRO, J. P. *O ciclo do contato*. Temas básicos na abordagem gestáltica. São Paulo: Summus Editorial, 2007.

ROGERS, C. R. Grupos de Encontro. Tradução de Joaquim L. Proença. São Paulo: Martins Fontes, 2009.

ROGERS, C. R. *Tornar-se Pessoa*. Tradução de Manuel José do Carmo Ferreira. Rio de Janeiro: Martins Fontes, 1987.

RUMI, J. *Poemas Místicos*. Divan de Shams de Tabriz. Tradução de José Jorge de Carvalho. São Paulo: Attar Editorial, 1996.

STEVENS, J. O. *El darse cuenta*. Sentir Imaginar Vivenciar. Tradução de Martin Bruggendieck. Santiago: Cuatro Vientos Editorial, 1977.

TSÉ L. *Tao té ching. O livro do caminho perfeito*. Tradução de Maurilio Nunes de Azevedo. São Paulo: Pensamento. 2001.

VARENNE, J. M. *O Budismo Tibetano*. Tradução de Maria de Lourdes Nogueira Porto. São Paulo: Martins Fontes, 1986.

VIGNEAU, A. *Clown Esencial*. El arte de reírse de sí mismo. Barcelona: Ediciones La Llave, 2016.

WILBER, K. *O espectro da consciência*. Tradução de Octavio Mendes Casado. São Paulo: Cultrix, 2007.

WILKINSON, P.; PHILIP, N. *Mitologia*. Tradução de Áurea Akemi Arata. Rio de Janeiro: Zahar. 2007.

WOSIEN, M. G. *Os Sufis e a Oração em Movimento*. São Paulo: Triom, 2002.

WU, J. *Tai chi chuan*: a alquimia do movimento. Rio de Janeiro: Mauad, 2010.

YONTEF, G. M. *Processo, diálogo e awareness*. Ensaios em Gestalt-Terapia. Tradução de Eli Stern. São Paulo: Summus Editorial, 1998.

ZINKER, J. *O Processo Criativo*. Tradução de Maria Silvia Mourão Netto. São Paulo: Summus Editorial, 2007.

ZWEIG, C.; JEREMIAH A. *Ao encontro da sombra*. São Paulo: Cultrix, 2008.

*O correr da vida embrulha tudo.*
*A vida é assim: esquenta e esfria,*
*aperta e daí afrouxa,*
*sossega e depois desinquieta.*
*O que ela quer da gente é coragem.*

*(Guimarães Rosa)*

# CAMINHO
## Equilíbrio da Energia Humana

Arte: Jordana Leite

Luis Fanan

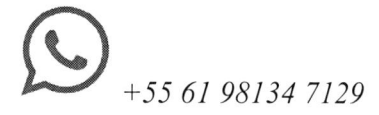
+55 61 98134 7129